齐 鲁 文 化 与 治 国 安 邦 ｜ 张文珍 王凤青 主编

齐鲁文化中的
礼乐文明

夏 秀 赵 准 著

人 民 出 版 社

目　录

六、齐鲁文化礼乐文明的时代价值

绪 论

党的二十大报告指出，必须坚持守正创新。我们从事的是前无古人的伟大事业，守正才能不迷失方向、不犯颠覆性错误，创新才能把握时代、引领时代。2023 年 6 月 2 日，习近平总书记在文化传承发展座谈会上再次强调，中华文明的创新性，从根本上决定了中华民族守正不守旧、尊古不复古的进取精神，决定了中华民族不惧新挑战、勇于接受新事物的无畏品格。之所以说必须坚持守正创新，只有守正才能不迷失方向，创新才能把握时代、引领时代，是因为中华优秀传统文化是五千多年积淀创新发展的结晶，孕育了中国人的民族精神和民族品格。守正是根本，创新是灵魂。先秦时期，齐鲁文化中蕴含着丰富的守正创新精神，在思想、思维、人才、制度等诸多领域取得了丰硕成果，尤其是在礼乐文明的阐释与发展方面贡献巨大，孔子归"礼"于"仁"，孟子归"礼"于"义"，荀子归"礼"于"法"，管仲、晏婴、墨子、尹文子等诸子也尊礼释礼，极大地丰富了中华文化，也促进了齐鲁大地的建设与发展，在当代仍然具有重要的启示意义。

（一）何为礼乐？

在中国传统文化中，"礼乐"具有重要意义。"德者，且莫大乎礼乐焉"（《郭店楚墓竹简·尊德义》），没有比礼乐更大的德了。《礼记·乐记》又说："礼乐皆得，谓之有德。德者，得也。"领悟到礼乐真谛的人，可以称为有德之人。所谓德，就是获得真知。中国自武王克商之后，就推行"德治"，但是"德"毕竟是抽象的概念，不具有可操作性，于是周公"制礼作乐"，将"德"具体化为各种规章制度、礼仪规矩，提高了"德"在国家事务及日常生活中的可行性和可操作性。于是礼乐就成为一个人德行品质的外在体现，也成为一个国家整体道德水准的表征。礼乐文明以德为上，期望天下和谐有序，强调敦厚伦理，崇尚和平反对暴力战争的思想理念塑造了中国独特的文化传统，对于当代中国乃至世界仍然具有十分重要的意义。

在"礼乐"这个概念中，"乐"当然占据重要位置。中国音乐起源很早，早期的音乐研究也达到了很高的水平。相传黄帝时期就发明了十二律，并且很早就可以用陶土、竹、铜等制造精致的乐器，如笛、钟等。春秋战国末期，器乐、声乐都发展到了较高水平，关于音乐的本质、功用等核心问题的思考也开始了。人们普遍认为音乐是发乎情而形于外的产物。《毛诗序》说："情动于中而形于言，言之不足，故嗟叹之；嗟叹之不足，故永歌之；永歌之不足，不知手之舞之，足之蹈之也。"

这里描述的大致是歌乐舞的发生过程。内在情感激发，不由自主地发出声音，声音不足以表达情感所以感叹，感叹亦不足以表达则歌唱，歌唱还不足以表达所以手舞足蹈。"情感"是歌乐舞的动力。因而音乐的主要作用是娱乐，保持身心健康。《史记·乐书》说："音乐者所以动荡血脉，通流精神而和正心"，就是认为音乐能使血脉通畅，调理人的精神和心性。但是人有七情六欲，儒家认为要"节情"，不可放逸，所以更强调音乐的教化作用，反对奢靡轻靡的音乐。晏婴反对齐景公沉迷新乐并拘捕了景公的乐师虞，就是出于这样的理念。孔子说"郑声淫"（《论语·卫灵公》），郑国的乐曲有违雅乐的规制，放逸过度，所以孔子推崇的是《韶》那样典雅庄重的音乐。《礼记·乐记》更直接提出："君子乐得其道，小人乐得其欲。以道制欲，则乐而不乱；以欲忘道，则惑而不乐。"君子在乐舞之类娱乐活动中获得"道"，小人则在其中获得感性发泄；要用道来节制感官刺激和欲望宣泄；如果只享受欲望宣泄而忘记了道，那么就会迷惑而得不到真正的快乐。

总之，"乐"是礼乐文明的重要组成部分。但有三个方面的问题需要明确。其一，关于"乐"的本质、功用等问题的认识，在先秦儒家思想中相对一致，少有变化。其二，在"礼乐"概念中，核心在"礼"，"礼"包含着"乐"。有专家认为，在整个中国文化中，其"核心是'礼'，这'礼'就包含着'乐'。若是讲得周备一点，叫'礼乐'，讲得简略一点，就叫

'礼'。"①"礼"包含了"乐",这从《周礼》《礼记》中可以看得很清楚。其三,正因为"礼"包含了"乐",因而无论是孔子、孟子还是荀子及其他齐鲁先贤,以及后世儒家思想,关于"礼"的阐释不绝如缕,关于"礼乐"框架下的"乐"基本被视为"礼"的规制的一部分,创新性阐释非常少。比如孔子、孟子都谈礼又谈乐,但其"乐"是礼的一部分,比如"八佾舞于庭,是可忍,孰不可忍"(《论语·八佾》),是说八佾的乐舞规制是天子身份才能享受的,季孙氏这样一个权臣怎么可以享受呢。鉴于以上三个原因,以下我们以"礼"为核心,重点阐述齐鲁先贤对于"礼"的创造性阐释,以求有助于理解礼乐文明的丰富内涵和重大影响。

(二)践行周礼获得尊重

先秦时期,齐鲁文化传承了西周的礼乐文明,又结合齐鲁两地的自然与社会资源守正创新,获得了大发展。比如守齐鲁传统习俗之正,创文化融合发展之新;守礼乐之正,创礼法并用之新;守仁爱之正,创富民惠民之新;守以人为本之正,创举贤尚功之新;守尊王之正,创统一共赢之新;等等。在守正创新的诸多成果中,在理论方面有突出成果且对中华文化影响巨大的,无疑是对礼乐文化的创新阐释。礼乐文化是中华传统

---

① 彭林:《礼乐中国》,浙江文艺出版社 2022 年版,第 25 页。

文化的重要特色，不仅维系了五千多年中华文明的连续性，而且直到现在仍然以"日用而不自知"的方式影响着我们的言行、思想、思维方式、生活方式，比如关于"孝"的认知与践行，就源于礼乐文化，而将"孝"视为"仁"之本是孔子的阐释。再比如现代生活中仍然非常重要的关于服饰的礼仪，同样源自先秦时期的礼乐文化，而其传承与发扬仍然离不开以孔子为代表的齐鲁先贤的努力。可以说中华文化礼乐教化传统的形成与发展，很大程度上得益于先秦时期齐鲁先贤的努力。

颂簋，制作于西周晚期，为周宣王时期的青铜器，是山东博物馆的镇馆之宝之一。颂是西周的显赫贵族，效命于周王室。颂簋上的铭文记录了周天子对颂的册命过程以及此簋的制作目的，即为了纪念周王室的册命并希望此荣耀为后世子孙世代享用

西周王朝建立之初，周王室大力推行分封制度。分封所获得的不仅是土地，还有代表周王室权力和威严的典书、礼官、

礼器等。于是"散布于东方广大地区的新建诸侯国特别是众多的姬姓邦国,不仅成为维护周王朝统治的政治堡垒和军事据点,事实上也成了传播和推广宗周礼乐文明的中转站。周朝统治者强调的以族类意识和宗法观念为核心的价值观,以及表现此种价值观的一整套礼仪制度,通过新封诸侯国不断地向原来被商礼、商文化覆盖的地区渗透和延伸,宗周礼乐文明因此得以在更广泛的区域更加顺畅地确立了主流礼制、主流文化的地位。"①

而在众多诸侯国中,齐与鲁在推广普及礼乐文明的过程中,虽采取了不同的文化政策,但都在礼乐文化和地方建设方面取得了巨大成就。在齐国,姜太公受封到齐地之后,推行"因其俗,简其礼"的文化政策。尊重当地东夷人的生活方式,改革周朝的礼仪制度,不仅赢得了民心,也调动起了当地民众生产和建设的积极性,齐国很快强大起来。历史证明,姜太公以礼辅政的文化策略促进了周文化与东夷文化的融合,完成了齐国对周礼的第一次改革创新。此后,经过管仲、晏婴等的努力,周礼文化在齐国获得了进一步发展,为齐文化的发展和齐国的强盛作出了巨大贡献。

在鲁国,伯禽赴鲁后,大力推行周礼文化,改革殷商以及东夷文化所遗留的风俗,实行"变其俗,革其礼"的文化政

---

① 胡新生:《周初大分封与宗周礼制的传播》,《中国社会科学院大学学报》2022年第7期。

策。在这一过程中，周礼对鲁国的礼乐文化建设起了重要作用。一方面伯禽以周礼文化改革当地文化，改善当地风俗；另一方面，因为鲁国是周公的封国，受封时不仅像其他封国一样获得了封地、礼官、礼器以及礼乐文献等，而且获得了可以郊祭文王的特权，也就是享有可用天子礼乐祭祀周公的文化权力，鲁国的礼乐文化由此兴盛起来。西周末年，镐京动荡，周王室东迁，典章文物散失很多，鲁国于是成为周礼的中心。春秋末年，礼崩乐坏，而鲁国依然保留着完备的礼乐文献。《左传·桓公十八年》记载，晋国大臣韩宣子在鲁国看到《易象》与《鲁春秋》两本文献，因此发出"周礼尽在鲁"的感慨。《左传·襄公二十九年》又记载，吴国公子季札在鲁国请求观赏周乐，鲁国依次演出周文王、商汤、夏禹的乐舞等全套乐舞，最后季札感慨说："观止矣！若有他乐，吾不敢请已。"意思是：太精彩了，后面若还有其他音乐，我都不敢让乐曲停下来。这也是成语"叹为观止"的来源。鲁国也因为严守周礼赢得了齐、晋两大霸主国的敬畏，礼乐文化真正成为鲁国的"软实力"。

（三）守正创新对周礼进行创造性阐释

在齐鲁两地践行、改革周礼文化的过程中，齐鲁先贤对周礼文化进行了创造性阐释，奠定了此后中华礼乐文化的基本形态，使礼乐文化成为中华文化的基本特征之一。孔子还进一步提出"克己复礼为仁""非礼勿听，非礼勿视，非礼勿言，非礼勿动"（《论语·颜渊》），这些不仅成为君子的美德和行为准则，也深深地影响着中国百姓。孟子提出"亲亲，仁也；敬长，义也"（《孟子·尽心上》），"人人亲其亲，长其长，而天下平"（《孟子·离娄上》），认为只要将社会伦理关系建构在血缘关系上，家庭内部就会和睦安宁，将家庭内部的关系运用到政治、国家领域，便是君臣关系，孝就变为忠。只要行仁义礼智，就会家国安宁。荀子提出礼在修身和治国方面意义重大，认为"人无礼则不生，事无礼则不成，国无礼则不宁"（《荀子·修身》），提出"国之命在礼""国无礼则不正""为政不以礼，政不行"，将礼视为治理国家的最高标准，是国家威力行于天下的保证，天子诸侯遵循礼就能取得天下，反之则会毁坏国家朝纲，导致社会混乱。同时，"荀子在稷下吸收道、法等各家思想，发展孔子'礼'制思想，改造、创新儒学，形成'隆礼近法''儒法结合'新体系。"① 除孔子、孟子、荀子对礼乐文化进行创造性阐释外，管仲、晏婴、墨子、名家尹文等齐鲁先贤也都对礼乐文化进行了阐释、传承和发扬。礼乐文化经过先秦时期齐鲁文化圈思想家们的理论创新，成为中华优秀传统文化的重要组成部分，维系了中华文化的连续性和统一性，并将继续推动中华文化和平、包容、海纳百川地永续发展。

---

① 王志民主编：《黄河文化通览》（下编），中华书局 2022 年版，第 494 页。

西方人用 nation、state、country 表示"国家",但这些词语都不蕴含"家"的意思,最多有"乡土"或者"政治共同体"的意味。只有中国才把"家"与"国"密切联系在一起。《论语·季氏》中说:"丘也闻,有国有家者,不患寡而患不均",这里就把家和国并用,而且治理原则都是一样的,即不怕贫穷就怕不公平。孟子也常将家、国连用,《孟子·离娄上》中说:"人有恒言,皆曰:'天下国家',天下之本在国,国之本在家,家之本在身。"《大学》中有类似的意思,只不过表述得更为全面:"古之欲明明德于天下者,先治其国;欲治其国者,先齐其家;欲齐其家者,先修其身;欲修其身者,先正其心;欲正其心者,先诚其意;欲诚其意者,先致其知,致知在格物。"

一、周礼：以礼乐正位定序

在我们的日常印象中，"礼"约等于"礼貌"，即见面握手、进别人房间要敲门等日常行为规范，而在中国古代，"礼"要重要得多，也烦琐得多。它包括国家机构设置、官吏职责、衣食住行、饮酒宴乐、宗庙祭祀、婚丧嫁娶等内容，涵盖了国家建设和管理的各个环节，以及个体从生到死的整个过程，所以孔子说"不学礼，无以立"（《论语·季氏》）。孔子所说的"礼"，主要是指"周礼"和与之相辅的"乐"文化，一般指周初确定的一整套典章、制度、规矩、仪节。它一方面有上下等级、尊卑长幼等明确又严格的秩序规定，另一方面也保留了延续自原始社会的民主性和人民性。而"乐"一般认为是为维护"礼"而制定的一系列对于音乐风格、特征以及适用场景的规定，比如只有天子才可以用"八佾"规制的舞乐，所以孔子说季氏"八佾舞于庭，是可忍，孰不可忍"

（《论语·八佾》），因为季氏只是鲁国三大氏族之一，是不能使用天子的舞乐规制的，季氏的行为破坏了整个社会的行为规范和规章制度，容易导致混乱，所以不可容忍。总之，"乐"是维护"礼"的手段之一，是"礼"的一部分，"礼乐"一体，是自周代开始形成的传统。为表述之便，学界一般用"礼"或"周礼"指代礼乐文化或礼乐传统。

周礼的目的是明确宇宙秩序，确定尊卑贵贱，维护社会稳定。其体系设计背后是天人合一的宇宙观、以血缘为中心的宗法制。周礼对于中华传统文化影响深远，具有丰富的资料价值、长久的教化作用、广泛的文化价值，甚至可以说，中华文化之所以绵延流长成为世界上唯一延续发展的古老文化，离不开周礼所奠定的礼乐制度的维系。

（一）"三礼"丰赡，内容博大：周礼的主要内容

礼的内容非常丰富，因而当我们用到"礼"这个概念时，不同语境下的具体所指也不一样。葛兆光认为礼大致可以分为"礼容"和"礼义"两类。"礼容"包括礼仪细节和行为规范，我们常说的"繁文缛节"大致属于这类；"礼义"则是关于礼的思想，当礼的思想深入人心时，人就会自觉遵循礼并以礼为乐。[①] 换言之，所谓"礼容"主要是礼的形式部分，"礼义"则属于礼的具体内容部分。但是礼的具体内容部分也涵盖广泛，为便于理解和把握，这里将礼的内容细分为四类。

1. 礼的四类内容

一是形式礼，即仪式礼，是关于各种仪典的规则、程式等。这也是现在当我们说到礼乐时首先会想到的内容。礼本来就包含着形式，是规矩，是规范，也是约束。礼的规矩中包含了权力和尊卑位分，有等级之分，也包含不同层次人交往言行的规范。礼仪讲究分寸，有部分礼因而非常具体细致，比如见面握手，男女之间、上下级之间握手的次序、力度等都有规矩，体现出礼的仪式性、形式性。再比如穿衣，不同场合服饰

---

① 葛兆光：《中国经典十种》，商务印书馆 2022 年版，第 86 页。

山东曲阜孔庙大成殿

要求也不同。实际上不仅是穿衣，衣食住行都有规矩，《论语》中就记载了不少关于孔子讲究衣食住行的内容，这是孔子在日常生活中严格遵守周礼，所以就连生活细节方面都依礼而行，不逾规矩。

二是社会礼，即用于协调各种社会关系、规范日常生活的各种准则，其中有婚丧嫁娶的礼仪，起着厘清家族亲疏远近、规范不同宗族之间婚姻关系的作用；还有日常饮酒、见面等的礼仪，起着协调亲族、乡党、邻里、朋友关系并使之融洽的作用。这类内容在《仪礼》中记载最多，也最详细。比如古时朋友相见，按照礼制，一般主人应该在东位，客人在西位，"东家"的称谓就是这样来的。如果客人不按照这样的位置就座，就是不懂礼，而主人如果不按这个规矩就座，那就不仅不懂礼而且可能是傲慢不尊重客人了。

三是政治礼，即治国理政的制度。包括宗法制和分封制、国家行政机构的设置及其各自职责、国与国之间的邦交之礼等。这是国家建设的宏伟蓝图，起着规范国家行政机构建设和邻邦友好共处的作用，是保障整个社会政治稳定的规范。这类内容在《周礼》中体现得最为突出。《周礼》详细记述了一个国家机构设置和几百个职位的职责。邦交之礼则涉及邦国之间交往的规制，包括如何朝觐、如何进行使节互访、如何朝贡、如何进行朝贡贸易等，是国与国之间友好邦交的行为指南。

四是道德礼，这是礼仪背后的精神和道德规定，是修身养性的道德理念，包括孝、义、忠、信等。这部分内容比较抽象，属于儒家的伦理道德体系，或者可以说是以上形式礼、社会礼和政治礼背后深层次的精神和道德追求。孔子反复强调自己"从周"，主要就是遵从周礼的精神和道德，而非机械搬用上述各项内容的形式。因而在中国文化中，礼不仅仅是形式，其内涵和意义"远不止是仪式或规矩，而是调节人类情感、矫正道德倾向的手段。礼仪的氛围应当严肃而庄重，就像宗教活动一样。"[①]

总之，所谓礼，就是一种软性的制度，把家庭、亲族、社

---

① 〔美〕刘子健：《中国转向内在——两宋之际的文化转向》，赵冬梅译，江苏人民出版社 2017 年版，第 140 页。

会乃至国家的各种关系厘定得非常清晰，期待人能各守本分，社会和谐有序。

2."三礼"

儒家关于礼的经典主要包括《周礼》《仪礼》与《礼记》，通称"三礼"。关于"三礼"的来源，学界有不同的说法，一般认为《周礼》为周公整理而成，《仪礼》一说为周公所作，一说为孔子所作，总之是先秦时期的文献，《礼记》为汉代戴德、戴圣叔侄所作。孔子所遵奉的周礼，主要是由《周礼》和《仪礼》所规定的各项礼仪制度和精神。

《周礼》主要记述中国古代的官制及其他政治制度，体现了儒家的政治理想，可以说是儒家治国理政的辉煌蓝图。全书共分为六篇，按照宇宙空间和四季时序，分别命名为《天官》《地官》《春官》《夏官》《秋官》《冬官》，实际上就是古代的管理组织体系。其中《冬官》篇已散佚，西汉时补充为"考工记"，称为"冬官考工记"，是关于建筑规制的内容。那么这六官的职能分别是什么呢？

"天官冢宰"，设置了63种具体官职，负责官吏管理，在古代称"吏部"；"地官司徒"，设置了78种官职，负责财政、户籍管理，在古代称"户部"；"春官宗伯"，设置了70种官职，负责礼仪典礼管理，在古代称"礼部"；"夏官司马"，设置了69种官职，负责军队管理，在古代称"兵部"；"秋官司寇"，设置了66种官职，负责司法、刑罚管理，在古代称"刑部"；

"冬官司空"，因为佚失，设置具体官职数目不详，负责工程建设管理，在古代称"工部"。

六官职责各不相同，但共同构成一个整体，覆盖了整个国家的政治、司法、外交等各种活动。按照六官的职责性质，大致可以分为五类。一是吉礼，即祭祀之礼，是祭祀先祖和各种神祇的典礼，"以吉礼事邦国之鬼神"（《周礼·地官·司徒》）；二是凶礼，包括丧葬及天灾人祸的哀悼之礼，"以凶礼哀邦国之忧"（《周礼·春官·大宗伯》）；三是宾礼，诸侯对周王朝的觐见、诸侯与诸侯之间的聘问和会盟之礼，"以宾礼亲邦国"（《周礼·春官·大宗伯》）；四是军礼，战争及田猎、筑城等需要动用大量人员的活动的典礼，"以军礼同邦国"（《周礼·春官·大宗伯》）；五是嘉礼，即"善"礼，包括结婚、冠冕、飨燕、庆贺、宾射等典礼，"以嘉礼亲万民"（《周礼·春官·大宗伯》）。

由上述论述可以看到，《周礼》主要记录了周代的国家架构，对后世政治制度和组织管理的架构有着非常深远的影响，后世的很多制度都是仿照《周礼》设立的，比如从隋代开始实行的"三省六部制"、唐代将六部定名为吏、户、礼、兵、刑、工。从这些设置和命名中都能见到《周礼》的影子。唐代的六部设置作为中央官制的主体，为后世所遵循，一直沿用至清代。我们现在中央机关的组织管理架构虽然有了很大改变，但是其雏形还是《周礼》的架构。

《仪礼》主要记述春秋战国时期士大夫阶层的礼仪，所以汉代称之为《士礼》，共十七部分，可大致归纳为以下七大类：一是士冠礼，即贵族男子的成年礼。古代有一定地位的男子成年时要把头发由盘髻改为戴冠。二是士昏礼，即关于结婚的一些礼仪，包括从订婚到结婚的多个环节的仪制。三是射礼，包括乡射礼和大射礼。古代宗族聚会时有射箭项目，能反映一个人的礼仪修养，乡射礼指的就是射箭时的举止规矩和注意事项。大射礼也是射箭，但是诸侯与群臣的射礼，前者是地位较低一些的贵族与士大夫的射礼。四是饮宴礼，包括乡饮酒礼、燕礼和公食大夫礼。这三项都是饮酒宴会时的礼仪，只是主体身份和场合不同。乡饮酒礼是宗族大聚会时的饮酒礼仪。西周时期每三年举行一次大的宗族聚会，饮酒是一个很重要的仪式，要体现长幼尊卑。燕礼是会宴时的礼仪制度，包括主宾座次、举止、答谢、程序等。我们现在不同地区还有不同的饮酒习俗，与此类似。公食大夫礼是诸侯宴请大夫时的礼仪，如迎送、座次、方位等，甚至包括菜肴的等级。五是朝觐相见礼，包括士相见礼、聘礼和觐礼。这是不同身份的人相见时的礼仪制度。士相见礼主要是士大夫相互拜访时的礼节，聘礼是诸侯使者受命见卿大夫时的礼制规矩，觐礼是诸侯每年秋天朝觐天子时的礼仪制度。六是丧礼，包括丧服、士丧礼、既夕礼、士虞礼。这是关于丧礼的完整礼仪制度。丧服规定了丧服的样式、等级、材质等，体现出宗族中与逝者关系的远近亲疏，这一点与现代很多乡村的丧葬礼俗类似。士丧礼讲士族去世之后的安葬制度，既夕礼指黄昏后如何哭祭等，士虞礼指下葬之后如何祭祀。后三者是前后相续的一系列规制。七是祭祀祖先礼，包括特牲馈食礼、少牢馈食礼、有司彻。这是关于如何祭祀祖先的一系列规制。特牲馈食礼指诸侯国中各级士大夫祭祀祖先的礼仪，少牢馈食礼是诸侯国中卿大夫的祭祖仪式，有司彻据说是少牢馈食礼的续篇，仍然是讲祭祀祖先的礼仪规程。

由以上内容可以看出，《仪礼》以记录当时的礼仪制度为主，在表达方式上以记述为主，没有议论也没有评价。因此它的资料价值很高，对于民俗学、人类学、社会学研究很重要。《仪礼》不仅可以让我们想象古代人的生活，还可以将其记录与我们当代生活习俗相对照，以发现我们一些约定俗成的来源及变迁。

《礼记》与前两本书不同，前两本都是关于特定礼仪制度的完整记录，而《礼记》大致相当于关于礼的论文的汇编。前面说过，汉代戴德、戴圣叔侄都编纂过《礼记》，戴德的版本有 85 篇，戴圣的版本是 49 篇，分别称为"大戴礼记"和"小戴礼记"，后者比前者流传广泛，我们现在看到的就是"小戴礼记"。

《礼记》的内容很驳杂也很丰富，大致可以分为三类。第一类是关于礼的论文、论述，就是对礼的阐释。这些论述或阐释体例不一，有的是论述，有的是问答的形式，还有的是实例记录。其中最著名的是《大学》《中庸》两篇。这两篇文章是如何阐释礼的呢？我们耳熟能详的"修齐治平"理念就是源自

《大学》的德治理念，在此总纲领之下，该篇还提出以义为利的德本财末观、以上率下的示范引领观等思想，对后世儒家思想影响很大。《中庸》则指出：不论是为人、修身，还是处世、治国都要以诚为本，而礼是"理也"，是合于道德理性的规定，是不能替代的法则。这些观点进一步强调了礼的道德属性，对后世影响深远。第二类内容集中于阐释古代礼仪制度，很多篇目与《仪礼》的内容相对应，比如《乡饮酒义》与《仪礼·乡饮酒仪》《燕义》与《仪礼·燕礼》等。如果说《仪礼》是单纯记录礼仪制度，那么《礼记》就是对各种仪式制度的内涵、象征意义等进行阐释。第三类内容是补充部分古代礼制。比如《礼记》中有《乐记》篇，是古人对音乐的审美特征、和谐情致功用的阐释，是当代探讨中国古代美学必然会谈到的篇目。这是《周礼》和《仪礼》中所没有的。此外还有《月令》篇，记载了一年十二个月的气候变化，规定人们应该如何从事生产活动、如何生活等，是比较早的"月历"，这范围也超出了其他两部礼书。因此，《礼记》的内容比前两部礼书宽泛得多，对后世影响也深远得多。

（二）承商立周，制定礼乐：周礼的文化背景

1. 商代礼乐文化的传承

上文说过"三礼"的成书。但是文本记录的毕竟是具体的情境与相应的仪式、典礼，这些仪式、典礼终究需要人去

设计或主持。那么是什么人、出于何种目的设计了这些严谨繁复的礼仪呢？这就涉及"礼"的来源，即礼的政治、文化背景。

《诗经·小雅·大田》篇写周王下地劳动、重视农耕，而且收获之后还要祭祀神灵，以祈求幸福："以享以祀，以介景福"。重视农耕为什么还要周王亲自下地呢？这实际上是一个仪式，是农耕的典礼。西周王朝非常重视典礼，婚丧嫁娶乃至农耕都有典礼，仪式感非常强。当然西周王朝也不是一下子就重视典礼、仪式的，而是继承了殷商时期的典礼文化。殷商时期巫史文化发达，无论是君主的田猎还是征战，都要进行占卜、祭祀等，这就需要一系列的仪式，因而不仅诞生了一大批负责典礼仪式的人，而且积累了丰富的典礼文化。西周取代了殷商王朝之后，殷商时期大量有文化、懂礼乐的人到了西周王朝，成为负责、服务各种典礼的人，就是"儒者"。后来孔子说不要做"小人儒"，而要做"君子儒"，意思就是不要做只负责婚丧嫁娶典礼仪式混饭吃的人，而要做于社会有益、能改变社会的儒者。

西周王朝继承殷商的文化，在很多文献中有记载。相传在夏朝的时候，就已经设立各级官员来管理百姓，《尚书·盘庚》记载商王向臣民宣布："无有远迩，用罪伐厥死，用德彰厥善。"意思是不论远近亲疏，犯罪者一律处死，有德行善者要表彰。可见在夏商时期，"德""善""礼"等观念已经产生。周人在此基础上进一步发展出更为系统的伦理观念。据《史记》

商周十供（孔子博物馆藏）

记载，周公先后制作了《周官》《立政》等篇目，又参照商礼，制定了官制、乐制、法制、谥制、嫡长子继承制等，形成完备的典章制度，通称为"周礼"或"周公之典"。孔子对礼的传承有一句经典的表述："殷因于夏礼，所损益，可知也；周因于殷礼，所损益，可知也。其或继周者，虽百世可知也。"（《论语·为政》）换言之，礼的规制，是夏商周三代一代代延续传承下来的，损益皆可知，以此规则，往后百世都可以推知。这是孔子对"礼"的形成的看法，也是从"礼"的角度提出的历史观。司马迁说周公制礼作乐，实际上周公也是在继承基础上进一步整理、论述、改造。总之，因为大量懂典礼仪式的儒者群体的存在，再加上西周王朝对礼乐的重视，西周时期成为礼乐文化大发展大繁荣的时期，殷商时期既有的典礼规程加上西周时期的整理完善，形成了体系完备、规矩具体的周礼。

2. 天地人"三才"的宇宙认识论

从更深层次的文化背景上说，周礼的形成根源于中华文化早期关于宇宙结构的认识。夏商时期的人们相信，宇宙分为天、地、人"三才"，相对于人所生活的世俗世界，天和地所属的空间是神圣世界，人与天、地神圣世界的沟通需要通过一定的仪式，比如要根据沟通的不同规格和目的供奉不同的祭品、焚香烧纸钱等，因而《墨子·天志上》有"以祭祀于上帝鬼神"之说。祭祀的时候要配合以不同规制的音乐，比如祭祀天神"奏黄钟，歌大吉，舞云门"，祭祀地神"奏大簇，歌应钟，舞咸池"，祭祀先祖时"奏无射，歌先钟，舞大武"（《周礼·春官·大司乐》）。所有这些不同规制的祭品、乐舞都是礼仪的组成部分。因而礼在此意义上带有一定的神圣性，也带有使人不忘本的意味，"礼也者，反本修古，不忘其初也。"（《礼记·礼器》）而且不同的仪式通向不同的本源：就个人而言，其本源为先祖；就整个人类而言，其本源为天地；就政教而言，其本源为先师，"礼有三本：天地者，生之本也；先祖者，类之本也；君师者，治之本也。……故礼，上事天，下事地，尊先祖而隆君师，是礼之三本也。"（《荀子·礼论》）正因为礼在来源上的这种严肃性和神圣性，孔子和孟子才反复强调对礼应有敬

| 孔子闻韶处

畏心，而不能仅仅流于表面的形式。

3. 宗法制的观念支撑

当我们看到《周礼》，不禁会感叹其体制的完备和细致，那么这样完备的体系是如何建构起来的呢？这里既有历史传承也有宗法制的支撑。宗法制在周代已经相对成熟。古代中国的社会结构是由以血缘为核心的远近亲疏关系组成的，与古代希腊、罗马以奴隶主贵族和平民阶层的构成很不一样。以血缘为中心的社会结构由长幼分宗、婚姻关系、嫡庶区别等一系列关系构成一个金字塔结构，不同层次之间既存在差异和压迫，也存在相互依存的亲属关系。使这些复杂的关系不至于混乱的就叫"宗法制度"，而礼就是维护宗法制度的外在形式，宗法观念是支持礼得以建立的思想观念。

关于宗法制的相关情况，《左传》中多有记载。比如《左传·昭公七年》记载："天有十日，人有十等。下所以事上，上所以共神也。故王臣公，公臣大夫，大夫臣士，士臣皂，皂臣舆，舆臣隶，隶臣僚，僚臣仆，仆臣台。马有圉，牛有牧，以待百事。"这是对天、人、王、公、大夫以至仆、台、马、牛都清楚地分了等级并明确规定了彼此之间的从属关系。《左传·桓公二年》又记载："天子建国，诸侯立家，卿置侧室，大夫有贰宗，士有隶子弟，庶人、工、商各有分亲，皆有等衰，是以民服事其上而下无觊觎。"这里仍然是对自天子以至庶人进行等级划分。可见，周代的社会情形大致是"各有分亲，皆有等衰"，等级分明，臣属明晰，各类人等皆有其角色和责任、义务。在社会结构上，宗室贵族分封土地，掌握周王室、诸侯国的管理权，血缘族属关系与政治管理合二为一。这种等级分明、社会角色明确、责任义务明晰的宗法制，反映在周礼上，就形成了《周礼》体系完备、职责明确的特征，也成为《仪礼》和《礼记》各种礼仪制度的由来。或者也可以说，礼与宗法制相辅相成：宗法制是礼的社会结构基础，礼又维护和强化了宗法制。

🔗 知识链接

"郁郁乎文哉！吾从周。"孔子毕生的梦想是重现西周的"黄金岁月"。然而，现存的传世文献却很难呈现这段令孔子神往的历史。除《史记·周本纪》记载了西周历史的主线以及其他篇目中收录的一些支线外，其他关于西周的历史就散见于先秦诸子的作品中了。幸运的是，从商代晚期开始，人们已经学会将史事记录在青铜器上，一方面期盼礼器所祭祀的祖先能够通过铭文知晓后辈的荣光，另一方面也希望通过铭文让后世子孙知晓先辈的辉煌，所以《吕氏春秋》有"功绩铭乎金石、著于盘盂"之说。青铜铭文的重要历史文献价值也是后来的金石学兴起的重要原因之一。

（三）以礼立序，以乐致和：周礼的目的

儒家特别重视由礼乐所呈现出来的社会秩序。《说文解字》释"礼"为"礼，履也。所以事神致福也。"也就是说，"礼"最初的含义是指用酒、食物来祭祀以祈祷保持现存秩序的仪式。《尚书·周官》中记载"宗伯"的职能是"掌邦礼，治神人，和上下"，就是说宗伯这一职位主要是主管国家的典礼，负责神和人的感通，调和上下尊卑关系，兼具世俗和宗教职能。《周礼·冢宰·叙官》中说"惟王建国，辨方正位，体国经野。设官分职，以为民极"，意思是说，君王建立国都，辨别方向并确定宗庙、朝廷之位置，划分都城与郊野的界限。分设官职，用作民众的榜样。由此可见，礼乐的主要功能即在于确定秩序，维护和谐。具体来说，礼乐的精神指向是促进天人相和、

官民相和、人人相和三个方面。

1. 天人相和

即人与宇宙的和谐，包括天、地、人三要素的和谐相处。儒家认为天是"生生而有条理"之天，是人间秩序的制定者，人的道德秩序体现了天的秩序，所以"天"和"人"是和谐的。而地是承载万物、生发万物的。《左传·昭公二十五年》记载赵简子问子大叔什么是礼，子大叔回答说："夫礼，天之经也，地之义也，民之行也。天地之经，而民是则之，则天之明，因地之性，生其六气，用其五行，气为五味，发为五色，章为五声，淫则昏乱，民失其性。"在子大叔看来，礼制是天经地义的。百姓如果遵循礼，那么天命地性相和，生六气五行，然后生成五味、五色、五声。如果不遵守礼制，失度混乱，则百姓就会失去本性。《周礼》第一篇名为《天官》，第二篇为《地官》，其命名本身即表明是在宇宙间构建国家秩序，以天、地、春、夏、秋、冬来分野也是有非常严格谨慎的讲究的。具体而言，古人认为天人相和主要表现在人间行为与宇宙四时节气的对应上，对应即为"和"，不对应即为"违"。比如为什么要秋后问斩？这是因为到了秋天，叶落草枯，没有生机了，可以斩杀犯人。春天欣欣向荣，充满生机，杀人有违天时，是不合适的。也正因为古人认为四时节气与人间行为有对应关系，所以《周礼》中掌管刑罚的是"秋官"而非春官或夏官、冬官。

2. 官民相和

《周礼·春官·大宗伯》中有嘉礼，"嘉"是善的意思，有亲和友善之意。其中规定了日常生活中有助于加强交流、增强友善的诸种礼仪，诸如"以饮食之礼亲宗族兄弟""以宾射之礼亲故旧朋友""以飨燕之礼亲四方宾客""以赈膰之礼亲兄弟之国""以贺庆之礼亲异姓之国"。很显然，这里的亲和友善的对象包括了宗族、故旧朋友、四方宾客、诸侯国和其他国家，范围广泛，体现出以"和"为终极理想的理念。王与臣、官与民的和谐共处自然也包含其中。实际上，官民相和的理念不仅体现在礼乐文明以和为旨归的终极理想中，"为政以德"的准则本就要求君主和官员要以德为先，以仁服务于民，官民和谐相处。值得注意的是，官民相和还有一层意思是上行下效，官员用美德引领百姓向善。《周礼·秋官·掌交》说："掌交之官，掌以节与币巡邦国之诸侯，及其万民之所聚者，道王之德意志虑，使咸知王之好恶，辟行之"，意思是"掌交"这一类官员的主要职责是告诉百姓君王的好恶，让大家知道什么是对的什么是错的，要做对的，不要做错的。如此则不仅上下一致而且社会的道德素养也会整体提升。

3. 人人相和

人与人之间和谐相处，同时个体自身也和谐自处。人与人之间要和谐相处，就要各安其位，这也是礼规定好了的。礼规定了家族内部和国家的基本结构。在家族内部分清男女、长幼、嫡庶、亲疏，每个人都安其位份，各尽其职，在衣食住行、言谈举止等方面演好自己的角色，即王国维所说"尊尊，亲亲，贤贤"。在国家行政组织方面也一样，用礼分清了职司、等级和职能，以天子为核心，构建起一个等级分明、职责明确的管理机构，使各级官员能够明确责任，各安其位，各司其职。无论是在家族内部还是社会阶层结构上，一个人升迁一级或降低一级，其生活规格、礼仪排场都要相应地升迁或降低，享有的礼制规格也成为身份的象征。孔子非常喜欢颜回，但是颜回去世之后没有钱举行葬礼，有人建议孔子卖车，孔子拒绝了，因为乘车是孔子那个阶层身份的象征。降低规制等于自降身份，逾越规制则可能引起重大后果，轻则被批评为不懂礼，重则可能导致政治上的祸端。《红楼梦》中秦可卿去世，贾珍想让葬礼的排场大一些，无奈秦可卿的丈夫贾蓉仅是个监生，资格有限。最后花了一千二百两银子请大太监戴权帮忙买了个五品龙禁尉，这才把葬礼的排场名正言顺地摆出去。

个体自身要平静自处，就要遵守礼制规矩以实现气顺情安。按照《左传·昭公二十五年》的解释，天地相和生六气。而人的七情六欲则来自这六气："民有好恶喜怒哀乐，生于六气。是故审则宜类，以制六志。哀有哭泣，乐有歌舞，喜有施舍，怒有战斗；喜生于好，怒生于恶。是故审行信令，祸福赏罚，以制死生。生，好物也；死，恶物也；好物，乐也；恶物，哀也。哀乐不失，乃能协于天地之性，是以长久。"人秉天地之气而生，必然产生七情六欲，各种情感如果过度则会失和，因此制定礼制来约束，以达到哀乐不失度的目的，如此则人的情感与天地之性相调，人和社会才能长久。所有这些都说明，礼不仅仅是仪式、形式，还是"由原始巫术而来的宇宙（天）—社会（人）的统一体的各种制度、秩序、规范，其中便包括对与生死联系着的人的喜怒哀乐的情感心理的规范"。①

礼的精神旨归，用《论语》中的表述一言以蔽之，即"礼之用，和为贵"，就是给天、地、人排位置、定角色、明职责，试图用伦理化的社会秩序来规范人们的生活，以求建立和谐有序的社会、国家乃至宇宙。从历史上看，这一目的局部实现了，单说西周时期，近三百年的时间里，上百个诸侯小国在中华大地上和平共处，没有出现大规模的战争、杀戮、吞并，这在世界文明史上，也是值得赞叹的现象。

（四）崇尚秩序，尊重历史：周礼的影响与价值

周礼不仅仅是一套礼制，而且蕴含着周公等人确立的道德准则与政治方针，后世影响广泛且深远。有一个故事特别能说明《周礼》在中国历史上的巨大影响。南北朝时期，《周礼》

---

① 李泽厚：《美学三书》，安徽文艺出版社 1999 年版，第 231 页。

是北方各国共同推崇的研究对象。北周的军队攻入北齐都城之后，北齐的《周礼》研究专家熊安生告诉家人，赶紧打扫门庭，因为北周的皇帝一定会来拜访。果然，北周皇帝随着大军进城，首先下令到熊安生家里去。可以说，从历史到当下，大到国家

周公画像

管理制度的建构，小到衣食住行的规矩，都有着周代礼乐文明的因子。概括而言，周礼的影响与价值表现在制度建设、提供丰富资料、维护家国秩序、礼乐教化四个方面。

1.影响后世制度建设

《周礼》关于国家机构设置、交通系统的规划等内容极大地影响了后世的制度建设。隋代开始的三省六部制，唐朝六部吏、户、礼、兵、刑、工的命名，都有明显《周礼》的影子，而且这些国家机构设置一直沿用到清代，也可谓是几千年中国延续时间最长的政治文化内容之一。不仅如此，东汉王莽改制，仿照的是《周礼》，北宋王安石也摹照《周礼》进行变法。对于封建社会形态来说，《周礼》几乎呈现的是一个体系完备、

制度详密的"东方理想国",因而成为社会、政治重建的理想范本。除国家机构设置之外,在其他领域《周礼》的影响也普遍且深远。比如在交通领域,《周礼·地官·遗人》记载:"凡国野之道,十里有庐,庐有饮食;三十里有宿,宿有路室。"每十里设有迎宾之庐,提供饮食;每三十里设立住宿之处。这个制度为秦汉时期继承,逐渐发展为后来的驿站,历史上驿站最多的历史时期是元代,很多提供食宿的驿站发展为后来的城市,比如沈阳就是从驿站发展起来的。其他方面的制度,如上述国家行政机关的设置,周礼也提供了蓝图。

2. 具有丰富资料价值

葛兆光认为对于当代人来说,"礼"具有三个方面的价值。首先,能给我们提供古代历史、社会与文化的具体而形象的资料,告诉我们古人是怎样生活的。其次,能够告诉我们古代思想世界究竟是一幅什么样的图景,告诉我们古人在当时"想"什么,如何"想"。最后,三礼还可以与现代民俗学、人类学的材料相印证,告诉我们文化是怎样从古代转向现代的。[①] 上述评价全面且中肯,突出了礼的资料价值和意义——正是因为三礼所提供的资料,我们才可以想象古人的生活、古人的世界以及了解我们如何从古代转向现代。历史上对于周代礼仪制度丰赡翔实的评价也有很多,比如南朝梁皇侃评价说:"以周

---

① 葛兆光:《中国经典十种》,商务印书馆 2022 年版,第 100—102 页。

室比视于夏、殷，则周家文章最著明大备也"，就是周代要比夏和殷商时期礼制文明齐备成熟的意思，皇侃所说的"最著明大备"主要指的是仪式、规制的齐备与细节的完善，而对于历史以及当下而言，"著明大备"的价值就在于各方面资料的丰富完备，为研究周代以及中国古代文化提供了资料。从学术研究角度看，周礼对于社会、政治、文化的影响远比我们想象的要大得多，原因就在于《周礼》中保存了许多周代封建时期的资料，对于研究周代的社会具有重大作用。也正因为此，国际上也有学者高度评价《周礼》的价值。法国汉学家毕瓯（E. Biot）翻译《周礼》，自认为业绩不在发掘巴比伦、亚述之下。毕瓯的认知主要就是从《周礼》对于中国古代历史文化研究的重要性而言的。

3. 维护家国秩序

维护家国秩序是礼的首要功能，无论是礼的内容还是起源都充分说明了这一点。在传统中国，礼相当于国家社会的制度，是不允许破坏的，上到国君，下到百姓，都要共同遵守，也就相当于后世法治时代所谓的"不成文法"，梁启超更简洁地称中国社会为"礼治"社会。清末辜鸿铭到了欧洲，发现中西社会存在巨大差异，其中之一就是：与欧洲相比，中国社会没有警察，没有那么多的法院和监狱，但是人们能平安生活；中国也没有教堂用天国吸引人为善并以死后的惩罚让人畏惧，但中国人也并不喜欢为恶犯罪。实际上，在传统中国，正是礼制起到了规约作用，约略代替了警察、法院甚至教堂的功能。所以唐君毅认为中国之礼教，是"不成文的宪法"。此礼教"自整个社会文化之意识上，对君主以至对政治之本身，施以一种限制，使人知政治范围以外，有更广大的人生，与更广大的社会文化之世界。"①

正因为礼维护秩序的巨大功能，孔子对礼崩乐坏的社会现实才痛心疾首，终生致力于恢复周礼。他所看重的远不是周礼的形式，而是周礼所维护、代表的有序的政治、稳定和乐的社会。不仅仅是孔子，古人对礼维护秩序的重要性的认识远远超过我们的想象。《左传·成公十三年》记载了一则刘康公与成公的谈话，其中刘康公说："吾闻之民受天地之中以生，所谓命也。是以有动作、礼仪、威仪之则，以定命也。"意思是，我听说百姓秉承天地之和而生，这就是命。为配合各自的命数，所以产生了礼仪等规则，是为了确定完成各自的命数。这里，刘康公把礼仪与命关联起来，使礼获得了"天赋礼乐"的合法性，礼在古代中国文化中的重要性可见一斑。当然，站在现代的立场上很容易看得出来，上述所谓"命"，仍然是指每个人由出身所定的社会角色，包括家庭次序、社会地位及各自角色所规定的责任与义务，其局限性是显而易见的。

---

① 唐君毅：《从纪念孔子诞辰论中国自由精神》，载唐君毅：《中华人文与当今世界补编》（二），广西师范大学出版社 2005 年版，第 613 页。

4.广泛久远的教化作用

　　周礼不仅仅是仪制、仪式，而且发展成为一种礼乐文明，与整个社会的文德教化密切结合。《周礼》中很多规定都与教民养民有关。比如《地官·司徒》规定大司徒负责十二教："以祀礼教敬，以阳礼教让，以阴礼教亲，以乐礼教和，以仪辨等，以俗教安，以刑教中，以誓教恤，以度教节，以世事教能，以贤制爵，以庸制禄"。由周礼形成的文德教化传统深刻地影响了中国文化和中国社会，人的礼仪形态、内心深处对礼的敬畏成为中国人的文化—心理基因。《诗经》中有一首诗《相鼠》充分表达了礼的重要性："相鼠有皮，人而无仪。人而无仪，不死何为？相鼠有齿，人而无止。人而无止，不死何俟？相鼠有体，人而无礼。人而无礼，胡不遄死？"大意是：看那老鼠还有皮，人却没有应有的仪态。看那老鼠还有牙齿，人却没有节制。看那老鼠还有体面，人却不守礼。做人如果无仪态、无节制、不守礼，就不如赶快死掉。很显然这是一首讽刺诗，具体讽刺什么人什么事，已经无从知晓，但是从中能看到讽刺的是那些不具备合乎礼节的仪表形态、做人做事没有节制、内心深处也不懂得礼法的人。

　　礼乐文明的教化作用还表现在它的"成人"功能。儒家文化认为"知礼"为成人的标志，所以孔子说"立于礼"（《论语·泰伯》），礼是立身的根本，"不学礼，无以立"（《论语·季氏》）。《左传·昭公二十五年》记载："故人之能自曲直以赴礼者，谓之成人。"这些都是说，人必须经过"礼"的各种训练，才能成熟，才能成为一个社会人。礼也因此成为修身养性、为人处世的重要准则。清末王永彬的《围炉夜话》被奉为"中国古代三大修身奇书"之一，其中有一则修身格言是："君子以名教为乐，岂如嵇阮之逾闲；圣人以悲悯为心，不取沮溺之忘世。"君子应当以遵守儒家正名定分的名教为乐，哪能像嵇康、阮籍那样放浪形骸超出法度；圣人以悲悯为本心，不能像长沮、桀溺那样做隐士而忘却了自己在世间的责任。

周礼的教化作用最终形成中华文化的教化传统。梁漱溟先生在《中国文化要义》中高度评价了"礼乐"文化的影响，他认为中国人以伦理代宗教，以礼乐来规范人们的行为，人们遵守秩序靠自觉而非法律的强制，他认为这种文明代表着人类的未来。此论有一定的合理性。客观而言，虽然传统礼乐文化中很多具体制度无法在当代社会中实行，但礼不仅是个体修养的一部分，而且是一种文明。什么是文明呢？从形式上说，文明就是抑制人的动物性彰显人性的规矩。礼就是规矩，"夫子博我以文，约我以礼"（《论语·子罕》）。礼这个形式的规矩不是法律规条，在中华文化和中国人的生活中，有些礼已经渐渐内化成了风俗习惯，约定俗成。规矩不只意味着约束，也代表着秩序。魏晋南北朝时期虞预描述连年战争的残酷说"华夏无冠带之人"，整个华夏没有戴冠束带之人。这里所说的不仅是连年战争造成百姓衣不蔽体，而且用"无冠带之人"指代社会秩序崩溃，文明命悬一线。

概而言之，礼乐文化对于中国文化的影响是深远的，这种影响不能简单用好或不好来定论。其中的很多内容和精神需要我们进行创造性转化和创新性发展，这种转化与发展也不能仅仅局限于书斋、文献阐释，还应该在每个人的日常生活中去反思和践行，毕竟，周礼的很多规范已经渗透在我们的言行中，只是我们日用而不自知而已。

 知识链接 ┈┈┈┈┈┈┈┈┈┈┈┈┈┈┈┈┈┈┈┈┈┈┈┈┈┈┈┈┈┈┈┈┈

《论语·八佾》记载孔子批评季氏八佾舞于庭说："是可忍，孰不可忍！"唐代大诗人王维也曾经因为违背礼乐之制而被贬谪。《太平广记》记载，王维"为太乐丞，为伶人舞黄狮子，坐出官。黄狮子者，非一人不能舞也"。大意是王维担任太乐丞之职时，所管理的伶人舞黄狮子。黄狮子在当时是一种"御舞"，非天子不能舞。结果因为有僭越嫌疑的舞黄狮子事件，王维及其上司太乐令刘贶都被贬谪出京。

二、孔子释礼于"仁"

  孔子对礼的推崇是显而易见的。前面说过，三部关于礼乐文化的书籍，要么是孔子编纂过，要么有关于孔子与弟子谈论礼仪的内容，皆与孔子有关。孔子与礼乐文化的密切关系，并非仅仅表现在文献编纂方面，而是贯彻践行到日常生活的方方面面。孔子衣食住行、待人接物皆恪守周礼，对其弟子以及后世影响深远。

（一）好为"俎豆之事"的孔子

1. 以恢复周礼为己任

　　孔子的一大爱好是研究、践行各种礼仪。《论语·卫灵公》记载了一则他跟卫灵公的对话，卫灵公问他军队部署的事情，孔子说"俎豆之事，则尝闻之矣；军旅之事，未之学也"，意思是有关祭祀礼仪的事情，我还知道一些，军队的事情，我没有学过。这是孔子的谦虚，也是他的政治主张，即不希望用兵，希望君主能实行仁政，爱民、富民，讲究礼让，不要好战。《史记·孔子世家》说孔子"好俎豆之事"，就是爱好各种礼仪。《论语·八佾》还记载说孔子入太庙，专注学习关于祭祀礼仪方面的知识，不停地提问。有人就讥讽说：孔子真是乡下来的，谁说他懂礼呢？孔子听闻后回答说："是礼也"，意思是不停提问题正是礼的表现呀。周礼是孔子的信仰，恢复周礼是他毕生孜孜以求的事业，他反复申述自己"从周"的志向：

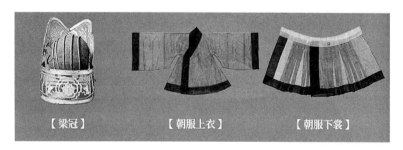

【梁冠】　　【朝服上衣】　　【朝服下裳】

▎朝服是等级地位较高的一类冠服，应用于比较隆重的礼仪场合，定型于汉代，历代相沿。图片是山东博物馆收藏的一套现存最为完整的明代朝服实物

"行夏之时，乘殷之辂，服周之冕"（《论语·卫灵公》），历法用夏朝的，车制用商代的，服制用周代的，又说："周监于二代，郁郁乎文哉！吾从周"（《论语·八佾》），三代中周最晚，吸收了夏商时期的文化成果，因而齐备周全，孔子认为恢复、学习周礼就很好了。

在《论语》中，"礼"出现了74次，其他还有提到礼的49处，出现频率很高。孔子为什么这么喜欢礼呢？这是由两大原因决定的。一是当时混乱的社会环境。在孔子生活的那个时代，社会秩序已经混乱了，礼崩乐坏。孔子希望周礼能够重建社会秩序，这是孔子的使命和担当。二是孔子儒者的身份。儒者，本身是负责礼仪的人，而孔子原本也是殷商贵族后裔，如此一来，恢复周礼，孔子责无旁贷，孔子自己是有这样的身份自觉的。

2. 知行合一践行周礼

孔子不仅在思想观念上信奉、维护周礼，而且在日常生活中也一丝不苟地按礼制行事。与君主打交道，他严格按照"臣礼"行事，不管君主能否看见。《论语·乡党》记载："君赐食，必正席先尝之。君赐腥，必熟而荐之。君赐生，必畜之。侍食于君，君祭，先饭。疾，君视之，东首，加朝服，拖绅。君命召，不俟驾行矣。"意思是，国君送来食品，一定摆正席位先尝一尝。国君送来生肉，一定煮熟了向祖先供奉。国君送来牲口，一定饲养起来。侍奉国君吃饭，国君祭祀，先供饭食。病了，国君来探望，脑袋朝东，把礼服盖在身上，配着上朝的大带。国君呼唤，不等车马驾好，便先走了。这就是孔子与国君相处的方式，遵守各种礼仪，不违背任何的规矩。整体体现出一个"敬"字，也是"畏大人"的表现。"畏大人"不是害怕、恐惧，而是尊敬、敬重。实际上这里诸多情境表现出来的，既是臣子对君主的礼仪，也是自我身份认同、自我尊重的表现，比如说人病了无法好好穿戴，那就把上朝的礼服、绅带盖在身上以表明身份。所有这些都再次说明，礼不仅仅是形式，而是承载着身份地位、身份认同与身份自觉、个体尊严与自尊等丰富内涵。

《论语》中还记载了孔子的衣食住行规矩。我们都熟悉的"食不语，寝不言"（《论语·乡党》）就是其中之一。孔子穿衣服，"君子不以绀緅饰，红紫不以为亵服。当暑，袗絺绤，必表而出之。"（《论语·乡党》）意思是君子不用黑色作衣服领子、袖口的镶边，不用红色、紫色作便服。夏天，穿单汗衫，一定加一件外衣才出门。在古代黑色一般用作祭祀服装，日常生活服饰用黑色不合适。而红和紫是君王用的贵重颜色，不能随便用。孔子很明确自己的身份，不用这些颜色，不逾越规矩。夏天出门衣服薄，要穿外套。这些看上去很烦琐，但比我们现在很多人不分场合地穿衣服文雅多了，这就是礼，一种文明。孔子吃饭也很讲究，"食不厌精，脍不厌细"（《论语·乡党》），而且鱼肉腐烂变质皆不吃，喝酒不喝醉，这是礼，也是儒家重生的表现。在居住条件方面，孔子不甚讲究，认为"君子居之，何陋之有"（《论语·子罕》），只要是君子住的地方，有什么简陋的呢？后来北宋的周敦颐在著名的《陋室铭》中引用了这句话："南阳诸葛庐，西蜀子云亭。孔子曰：'何陋之有'？"回应了孔子的这一思想，从而使之成为传统士人的品格之一。孔子虽然不讲究住宿条件但仍然关注坐卧仪容，比如"寝不尸"（《论语·乡党》），就是不要像尸体一样直挺挺地躺着。出行的时候孔子也遵守礼制规矩，"升车，必正立，执绥。车中不内顾，不疾言，不亲指"（《论语·乡党》）。古时出行要坐车，上车的时候一定要端正站好，拉着扶手。在车中，不能回头看，不大声讲话，不随意指点。这些规矩既是礼制也是为了安全。我们现在也有乘车的规矩，比如什么身份的人坐哪个座位，要系好安全带，尽量不要跟司机讲话等等，跟古时候的出行礼制相类似。

对于孔子而言，礼是很多人生范畴的标准，无违礼制是日常实践的基本标准。有一回孟懿子问什么是孝，孔子回答说"无违"，就是"生，事之以礼；死，葬之以礼，祭之以礼"（《论语·为政》）。在孔子看来，在礼崩乐坏的社会环境下，如果能对父母以礼相待，不违背相应的礼制就是最大的孝。从现代的角度看，孔子的很多标准似乎既明晰又简单，但回到历史语境中就会发现要做到这些看似简单的要求并不容易。就比如说一个人富贵了，能不奢侈铺张吗？一旦奢侈铺张就可能逾越了礼制，所以无违礼制并不容易，此理当代也是一样。

（二）樊迟问仁与"仁者爱人"

1. 守正创新以"仁"释"礼"

如果孔子只是一丝不苟地践行周礼，那么他顶多算是照本宣科，甚至可能有些保守迂腐，实际上，孔子对于礼是有坚持有改革的。孔子自己说，"麻冕，礼也。今也纯，俭，吾从众。拜下，礼也。今拜乎上，泰也。虽违众，吾从下。"（《论语·子罕》）用麻来编织帽子，这是古礼，现在用丝做帽子，更俭省，我跟随大家也用丝制帽子。古礼规定臣对君行拜礼应在堂下，现在在堂上行拜礼，我觉得太骄纵了，因而虽然逆于众人，我也坚持古礼仍在堂下拜君。这说明，孔子对于周礼是有坚持有改革的，他的好古敏求，重在求其义，而非一意遵古违今，是真正践行了守正创新的精神。其中最大的理论成果在于：孔子发扬光大了礼，即释"礼"归"仁"。

"仁"在《论语》中出现频率比较高，不计重复的话是105次。但是"仁"不是孔子的发明。《说文解字》有"夷俗仁"的记载，《诗经·齐风》中有"卢令令，其人美且仁"的诗句。《国语》中记载了不同国家的谈话，其中"仁"与礼、智、信等并列存在。也就是说，当时的"仁"是与智、信等并列的一种品质，并不是独立的范畴，也并没有突出的地位。所以研究齐文化的一些成果认为是孔子从齐国文化中学习到"仁"并将其发扬光大的。这具有一定的合理性。孔子的确是从既有的概念中将"仁"独立出来谈，并赋予其高于其他品质的地位。孔子说自己"述而不作"，就是传承，是在传承的基础上创新发展。

2. 孔子关于"仁"的不同回答

那么什么是"仁"呢？孔子的弟子们多次问这个问题，但是孔子每次的回答都不一样，有时候甚至将"仁"看得高深莫测，触不可及。如仲弓问孔子什么是仁，孔子回答说："出门如见大宾，使民如承大祭。己所不欲，勿施于人。在邦无怨，在家无怨。"（《论语·颜渊》）出门工作的时候如同要去见重要外宾，管理百姓如同承担重大祭典。自己不想要的，不要强加于人，在国家工作中没有怨恨，在家庭生活中也没有怨恨。这是多么具体、朴素的实践要求，整体强调的是严肃认真、恭敬、尊重、平和。"己所不欲，勿施于人"现在已经成为妇孺皆知的成语。那么，是不是做到这些就是仁了呢？有一回司马牛又问什么是仁，孔子回答说："仁者，其言也讱"（《论语·颜渊》），就是说话要慢。司马牛不理解，追问说难道说话慢就是仁吗？孔子回答："为之难，言之得无讱乎？"做起来很难，说起来能不慢吗？据说，司马牛的性格急躁多话，所以孔子就针对他的这一性格给出了答案。不过"说话慢"这一答案也与孔子"君子讷于言""刚毅木讷，近仁"的一贯主张相一致。

总之，孔子关于"什么是仁"这个问题从未给出过明确定义，而且每次的回答都不一样，但有一个共同点，即给出的都是具体可行、朴素的实践路径或者实践标准，而非理论性的定义。这也体现了《论语》的基本特色，即其中充满实用理性的人生观、价值观，强调节制、冷静，比较容易遵循，因而不仅可以用来提升个体修养，而且可以作为现代社会公共道德的传统资源，培养个体自尊、尊人、平等、独立的品质。

既然孔子如此看重仁，那么为什么不给出明确定义或统一的答案呢？原因大概有三个。第一，在孔子心目中，仁的要求很高，不容易达到，也不容易给出唯一的答案。《论语·阳货》篇记载子张问孔子什么是仁，孔子回答说："能行五者于天下，为仁矣。"子张又问是哪五者呢？孔子回答说："恭、宽、信、敏、惠。恭则不侮，宽则得众，信则人任焉，敏则有功，惠则足以使人。"换句话说，若要为仁，就必须做到恭敬、宽厚、守信、勤敏、恩惠。恭敬就不至于被侮辱，宽厚就能得到大家的拥戴，守信就可以得到大家的信任，勤敏就能够取得成绩，有恩惠就能够指挥得动大家。符合这些具体的要求，具有这些品质，才能算作仁。由此可见要达到仁是很不容易的，真正达成"仁"的话，也就达到修身的最高境界了，是可以成圣的，实现起来自然有难度。因而在《论语》中，当有人问孔子什么是仁，或者说做到了一些什么事情算不算仁的时候，孔子往往回答"不知道"。第二，孔子对"仁"的期待，主要在于"君子"，而非普通人群体。"君子"一方面可以指修养极高的人，一方面可以指君主，即"仁君"。孔子非常希望仁君推行仁政，这样上行下效，百姓就都跟从行仁了。《论语》的很多表述都是针对君子或君主而言的。比如"慎终追远，民德归厚矣"（《论语·学而》），认真办理父母的丧事，追怀、祭祀历代祖先，百姓的品德就会敦厚诚实。在古礼中，丧礼极为重要。在丧礼中人既可以在此确认自我，思考人生之意义，对于家族成员而言也可以明晰自我所来何处，增强责任感和历史感。这里，孔子所侧重的主要是君主、君子慎重对待丧礼的教化作用，即上行下效，精英阶层的行为会影响普通民众的思想和行为。第三，与中国传统思维方式不善于定义事物有关。与西方思维方式不同，中国传统文化中谈论问题、概念的时候，不是从定义开始的，不是遵循"是什么—为什么—怎么办"的逻辑，而是往往侧重于怎么做。孔子就是主要侧重于"怎么做"这个部分来回答问题。提问者特征不同，孔子的回答也就有差异了。

3. 孔子之"仁"的丰富内涵

孔子之"仁"的含义非常丰富，大而言之需要注意其中"爱人""不忧""包容"三个方面。

仁者爱人。有一回，樊迟问孔子什么是仁，孔子回答说"爱人"（《论语·颜渊》）。这里孔子仍然没有直接定义仁是什么，而是回答了仁者的表现，即爱人。这个回答简洁明了，但是却道出了"仁"的本质，其中包含着慈悲、宽厚、尊重等诸多意涵。"爱人"是"仁"的另外一些表现，如"克己复礼""出门如见大宾，使民如承大祭"等。在其他篇章中，孔子也表达过"爱人"的要求，"弟子入则孝，出则弟，谨而信，泛爱众而亲仁"（《论语·学而》），就是要求年轻人在家要孝顺父母，在外敬爱兄长，谨慎守信，博爱众人，亲近有仁德的人。这里需要注意的是，孔子的"仁者爱人"和"泛爱众"与基督教的"博爱"以及墨子的"兼爱"不同。孔子及儒家的"爱人"是有差等的爱，是先爱父母兄弟而后本氏族成员，是以血缘关系为核心然后向外拓展的爱，不是完全一视同仁的泛泛之爱。主张以血缘为核心的有差等的爱是先秦儒家的共同特征，《荀子·君道》说，周公"兼制天下，立七十一国，姬姓独居五十三人，周之子孙苟不狂惑者，莫不为天下之显诸侯，如是者，能爱人也"。荀子指出，诸侯之所以能"爱人"是因为各诸侯都是周王室的分宗，在血缘关系上是一家人，因此能够彼此相亲相爱。可见在先秦时期儒家的观念中，"爱人"这一概念是建立在血缘基础上的，有差等的。

仁者不忧。孔子在卫国的时候，去见了南子。南子风评不好，因此孔子见南子，子路很不高兴，孔子就对天发誓说如果我这事做错了，那么"天厌之，天厌之"，老天就讨厌我或惩罚我吧。那么，提倡君子人格重视个体修养的孔子为什么要去见个人作风有问题的南子呢？首先，按照周礼，南子有召见孔子的资格。南子作为卫国的国君夫人，"寡小君"，是可以见异性大臣的。《史记·孔子世家》记载南子对孔子说"四方之君子不辱，欲与寡君为兄弟者，必见寡小君。寡小君愿见"。意思是四方所来的君子不怕掉架子，跟我们国君交好，我一定得见见。从这个角度说，南子见四方君子，也有为国君为国家考虑的成分。其次，南子见孔子，是按照仪制进行的，《史记·孔子世家》记载，南子是在帷帐中见孔子的，"孔子入门，北面稽首"，"夫人自帷中再拜，环佩玉声璆然"。也就是说，孔子依礼拜见南子，南子是在帷帐中，而且也依照规矩回礼了。整个过程都是符合礼制的。这里孔子见南子，一方面符合礼制，一方面也体现出孔子的坦荡和勇气，所谓"仁者不忧"，内心有"大仁"之人，不会因畏惧他人的风言风语而违背常礼，有不从流俗的勇气和胆魄。

仁者包容。孔子说："君子和而不同，小人同而不和。"（《论语·子路》）"和"的前提是承认、赞成、允许彼此有差别、有分歧，然后调整这些差异和分歧，整合到一个恰当的结构中，于是各得其所，然后达到整体的和谐与发展。孔子又说："毋意，毋必，毋固，毋我。"（《论语·子罕》）也就是说，一个仁者，一个君子不能主观臆测，不能独断，不能固执，不能自以为是。一个内心仁爱包容的人，必然不会以为真理在手唯我独尊，也不会单以自己的过失、利益为准则。仁者包容的思想为后世儒者所承继，孟子曾经说"君子亦仁而已矣，何必同"（《孟子·告子下》）。他反对杨朱和墨子，也是因为杨朱专注于自我利益否定社会群体利益、墨子提倡兼爱摒弃了家庭伦理，孟子是反对杨朱和墨子"排斥异己"的思想和思维方式，而非因为思想差异而反对杨朱和墨子。

从孔子开始，"仁"成为儒家的核心范畴之一，也成为中华优秀传统文化的重要范畴。其含义不断丰富和充实，但核心内涵仍然以爱与友好、包容与理解为主。当代学者杨立华联系

《周易》等典籍的"生生不已""天行健，君子以自强不息"等相关内容，认为"仁"的核心内涵为"生生"。我们平常说"果仁""花生仁"，都是可以生长出新苗结新果的，"仁"是果子最核心的部分。人的"仁"同样如此，与自然生命力、人的饱满生命力有密切关系。人在"仁"的状态下，能够不断创造、成长。可以说关于"仁"的这个理解是颇合理也颇鼓舞人的。个体建立了"仁"的品质，就会拥有蓬勃的生命力和创造力；群体建立了"仁"的品质，就会相互理解、包容、合作，形成生产创造的合力；整个社会若拥有"仁"的品质，便会形成正向、和谐、奋发的风气。这也是孔子及整个儒家的最高理想。

🔗 知识链接

《论语·阳货》篇记载宰我问三年之丧于孔子，认为时间太长了。孔子回答说："食夫稻，衣夫锦，于汝安乎？"意思是亲人去世，你吃大米穿锦衣，能心安吗？现代人不太好理解怎么吃大米就心不安了。实际上这里隐含着一个重要的中国粮食演变史：在春秋时期，稻米不是北方的主粮，而是稀缺物资。当时北方的主粮是粟，到魏晋南北朝时期麦的地位开始上升，到唐宋时期成为北方的主粮，逐渐取代了粟，"北方食麦，南方食稻"的主食结构开始形成，延续至今。

（三）管仲之仁与孔子之"大仁"

1. 管仲是仁者吗？

管仲是春秋时期齐国公子纠的臣子。在公子纠和公子小白争夺王位的过程中，曾经射了公子小白一箭，但是最终公子小白胜出，成为齐国的国君，就是后来的春秋五霸之一齐桓公。公子纠被杀之后，管仲转而辅佐齐桓公成就霸业。孔子和学生一起讨论对管仲的历史评价。孔子的弟子问孔子：管仲是否懂礼呢？孔子回答说："邦君树塞门，管氏亦树塞门。邦君为两君之好，有反坫，管氏亦有反坫。管氏而知礼，孰不知礼？"（《论语·八佾》）意思是这个管仲，国君兴建宫殿照壁，他也兴建宫殿照壁；国君办外交国宴，有安放酒盅的特制设备，他也有。若说管仲懂礼制的话，那么谁不懂礼制呢？管仲在日常生活中的住所和用度大概是仿照国君的规格，超标了，所以孔子很是不满，认为他不懂礼制。当然，这可能也与管仲的理念有关。管仲认为提升生活品质能引领百姓消费，有助于促进生产和财富的增长，这是另外一个话题。

管仲既然不懂礼制，那么会是一个仁者吗？子路问孔子，管仲的主人公子纠被齐桓公杀死，管仲却没有跟着死去，这样是不是说管仲不仁呢？孔子回答说："桓公九合诸侯，不以兵车，管仲之力也。如其仁，如其仁。"（《论语·宪问》）齐桓公不凭借战争而多次联合、统一了诸侯，这是管仲的功劳。这就是仁啊。孔子认为不凭借战争而达成各诸侯之间的合作、和谐，没有劳民伤财，不让百姓流离失所，这是百姓的福祉，这就是仁。子贡也就管仲是否为仁的问题问孔子，说管仲不但不忠诚于前主人，而且又去辅佐前主人的对手齐桓公，是个没有仁德的人吧？孔子回答说："管仲相桓公，霸诸侯，一匡天下，民到于今受其赐。微管仲，吾其被发左衽矣。岂若匹夫匹妇之为谅也，自经于沟渎而莫之知也？"（《论语·宪问》）管仲辅佐桓公，称霸诸侯，统一匡正了天下，百姓至今还享受着他的好处。要没有管仲，我到现在可能还是要"被发左衽"呢。他怎么能像普通人一样为守自己的小信誉而自杀于沟渠之中不为人所知呢？孔子这是从教化方面来评价管仲，认为就他在教化方面的贡献而言算是仁者了。"衽"是衣襟，"左衽"就是左襟压右襟，这是蛮夷之地的风俗，而当时华夏传统服饰是右襟压左襟。我们现在很多中式服装没有弄明白这一点，有"左衽"有"右衽"，是不懂这方面知识的缘故。在孔子看来，"被发左衽"是野蛮粗俗，"束发右衽"是文明，所以高度赞许管仲的贡献。

2. 益于天下为"大仁"

孔子不常用仁来称许人，但是却认为管仲是仁者。由此可见，在孔子心目中，所谓"仁"应该是有益于天下大众、有益于民生的，所谓功业也应从是否有益于天下民生着眼，而不能像匹夫匹妇一样，守着一己的小天地，为区区个人之义自杀于沟渠不为人所知。可见孔子对于管仲的评价是从"大仁"角度出发的，突出体现了其"礼"的最终目的是"仁"的精神旨归。如若为了"大仁"，即对天下、社会有益，即便违背了礼制，也是应该称许的。不仅如此，从孔子对管仲违礼而仁的评价可以见出，孔子对人的要求是很高的，一个人不仅要经营好自己，而且要尽己所能有益于他人，有益于社会。

孔子称许管仲的"大仁"体现出一种博大的胸怀、一种"天下"观。这也是对传统文化的继承。中华文化从开始就建构了一个很大的格局，是一个"天下四方"而非"一国一民"的格局。《周易》有"可大可久"之说，可用来概括中华文化的这一特征。《尚书·禹贡》中有"九州"的概念，是传说中的中国上古地理区域，用于指代中国。后来，孔子提出"天下为公""天下大同"的说法，到汉代王吉提出"九州共贯"的概念，这大致即"九州共贯、多元一体"大一统思想观念渊源层面的发展状况。从文化根源上说，"天下大同"的思想奠基于中国人重整体、注重群体性的古老思想。钱穆指出，中国人先有整体，后有个体。中国人自远古时期就重视整体、注重群体性，甚至把个人与群体看作是一个整体，即天地人"三才"观念和天人合一思想。古老的中华民族最早是以这样的"生命共同体"总体观奠定了民族"共同体"观念的基础。孔子的"大仁"思想是"共同体"观念的具体化。

从学理上说，"天下为公""天下大同"的概念本就出自孔子，见于《孔子家语》和《礼记·礼运》。《孔子家语》记载，孔子对子游说："大道之行，天下为公，选贤与能，讲信修睦。故人不独亲其亲，不独子其子。老有所终，壮有所用，矜寡孤疾皆有所养。货恶其弃于地，不必藏于己；力恶其不出于身，不必为人。是以奸谋闭而不兴，盗窃乱贼不作，故外户而不闭。谓之大同。""天下为公""天下大同"的概念和理念后来被广泛运用和阐释，成为中华民族共同体思想的典型概括，这是孔子的发明，更是齐鲁文化的理论创新。在实践层面上，孔子"天下为公""天下大同"的理念，是其自身生活、阅历、思想的体现，也是其终生践行的理念。孔子没有狭隘的国家理念，他带领弟子周游列国，希望有君主可以采纳自己的主张，只要能采纳自己的主张，对百姓、对社会、对天下有益，在哪里任职都行。孔子的祖先，是商朝之后宋国的贵族，后来逃到鲁国。他一生从未抱持狭隘的民族观念，从未想过要灭周复商；也从未抱持狭隘的国家观念，不曾对宋国或鲁国表示过过多的忠心，孔子更没有狭义的社会阶级的观念，而是只想着行道于天下，得道于全人类，所以钱穆先生说"孔子实在是一个人类主义者，世界主义者"。[①]

---

① 钱穆：《国史新论》，生活·读书·新知三联书店 2001 年版，第 354 页。

（四）礼的情感本色与"仁""礼"关系

1. 礼以仁为本

从孔子评价管仲"不知礼而为仁"引发出另外一个重要的问题，即"仁"与"礼"的关系。关于《论语》的根本精神，曾经有两种意见，一种认为是"仁"，一种认为是"礼"。实际上，关于这个问题，孔子已经给出了明确回答，即"人而不仁，如礼何？人而不仁，如乐何？"（《论语·八佾》），如果没有仁，礼就是在那儿又有什么用呢？换句话说，孔子认为"仁是礼之本"。

孔子维护践行周礼，本身就是以"仁"为出发点的。《论语·宪问》篇记载孔子告诉鲁哀公一件事"陈成子弑简公"。什么意思呢？就是齐国的陈氏杀了齐简公。孔子为什么要告诉鲁哀公这件事呢？因为春秋时期的很多封国，都是从周王室或亲戚那里分封出来的，相当于是一家，因此一国有事，其他封国都要一起参与处理。像陈成子弑简公，那么鲁国是要管的，所以孔子"告于哀公曰：'陈桓弑其君，请讨之。'"孔子作为大夫，按照职责应该将陈桓弑君的事情告诉自己的君主，这是职责，也是"礼"的要求，而"公曰：'告夫三子'"。因为当时鲁国掌权的是三大家族，即季氏、叔孙氏、孟孙氏。哀公听说了齐国的变故，但是管不了，就让孔子去三家那里报告消息。孔子也照做了。从表面上看，孔子似乎是迂腐的，不遵循潮流。实际上，孔子之坚持周礼，不是迂腐，而是因为他看到权力更替过程中百姓和国家的命运。像陈氏篡齐是怎么篡的呢？就是"大斗出小斗入"。陈氏原来是陈国人，因为家乡发生暴乱，就从陈国到了齐国，从事经营，攒了钱财，所以有能力给百姓好处。当百姓借粮食的时候，就用大斗称粮，而还的时候就用小斗，这样百姓就受益了，就支持陈氏。后来陈氏辅佐傀儡君主齐简公，过了一段时间伙同王室成员杀了他。孔子知道这样获取权力当然不对，不仅不符合"礼"而且不"仁"，在更深层次上，孔子更明白这样获取的权力也存在隐忧，即获利者很难好好行使手中的权力，百姓很难长久地从这样的权力中获益。所以孔子坚持维护周礼，希望鲁国出手帮助齐国解决弑君事件。事实上齐国百姓后来的命运也果然如孔子所预料。差不多百年之后，也就是陈氏（田氏）代齐四代的时候，孟子到齐国，发现饿殍遍野，沟壑中尸体随处可见。

孔子之后，仁与礼的关系成为学界讨论的重要论题之一。孟子时常"仁""礼"并论，提出应"以仁存心，以礼存心"（《孟子·离娄下》）。钱穆先生认为礼是仁的外现，"仁心外见则为礼"[①]"礼有宾主，亦相互平等"，这相互平等就是仁的底色所赋予的。

---

① 钱穆：《国史新论》，生活·读书·新知三联书店 2001 年版，第 66 页。

2.礼必须以情为底色

　　孔子之"仁"与"礼"的关系，关涉到另一个重要的问题就是礼的情感底色。《论语·八佾》中记载，有一个叫林放的人问孔子"礼之本"的问题。孔子说："大哉问！礼，与其奢也，宁俭。丧，与其易也，宁戚。"孔子认为，礼之本是个很好的大问题。但是他没有给出确定的答案，而是列举了两个情境让人体会礼之本在于情感的真挚性，而不是外在的形式。礼，与其奢侈铺张，不如俭朴；丧礼，与其周全齐备，不如悲戚。孔子讲这话恐怕是针对当时社会上一些铺张浪费奢华的风气而言的。大概当时社会上奢靡之风太盛，形式大于情感，所以墨子也反对奢侈浪费，比孔子更激烈。

　　关于礼的情感底色，孔子还有一句著名的表达："礼云礼云，玉帛云乎哉？乐云乐云，钟鼓云乎哉？"（《论语·阳货》）钟鼓和玉帛都必须能恰当表达情感才是礼，否则就只是形式了。同样，"祭如在，祭神如神在。子曰：'吾不与祭，如不祭'"（《论语·八佾》）。祭祀祖先的时候，好像祖先就在那里，祭祀鬼神的时候，好像鬼神就在那里。如果不亲自参加祭祀，就好像没有祭祀一样。这里强调的仍然是举行祭祀典礼的时候要设想鬼神（祖先）是存在着的，要求的是心理情感而非理性的认知或理性思维。可见，在孔子看来，祭祀典礼重要的不在仪式、形式，而在心理、情感。

　　孔子反复强调"礼"的情感底色，所有的礼都应该以内在的心理情感为基础，否则就徒有形式。有一回子游问什么是孝，孔子回答说："今之孝者，是谓能养。至于犬马，皆能有养。不敬，何以别乎？"（《论语·为政》）很多人认为孝顺就是能养老就可以了。人也能养活犬马呢。如果不尊敬父母，那么养老和养犬马还有什么区别呢？另有一次，子夏问什么是孝，孔子没有直接回答，而是提出了孝的反面，即"色难"（《论语·为政》），也就是不给父母好脸色看就是不孝。孔子认为父母有事年轻人去帮忙，有酒饭先让年长的吃，但是如果做不到对父母好脸色，那么前面做的都不能算是孝顺。也就是说对父母和颜悦色才是真的孝顺。这里孔子反复强调的都是心理情感的培养与表现。

孔子所强调的礼的情感底色，为后世所认同和传承。《礼记·祭统》记载："夫祭者，非物自外至者也，自中出生于心也。"祭祀时严肃崇敬的情感不是从物质的外在表现，而是由内心生发出来的。孟子反复强调礼以"敬"为本："以仁存心，以礼存心。仁者爱人，有礼者敬人。爱人者人恒爱之，敬人者人恒敬之。"（《孟子·离娄下》）与仁主"爱"一样，礼主"敬"，爱与敬都是情感，是人与人之间相处的情感维系。荀子认为"三年之丧何也，曰称情而立文"（《荀子·礼论》）。守丧三年的礼制是怎么制定出来的呢？是根据人内心情感的深厚程度制定出来的，最亲近的人悲痛难已，三年才能大致消弭。总之荀子认为礼就是用来表达人情、人心的，是耕种人情之田所产生的精神产品，人们是用礼的形式表达丰富多样的情感。《周易·系辞上》说:"东邻杀牛,不如西邻之禴祭,实受其福。"东邻的人杀牛祭祀神祇,西邻的人拿出的祭品少但心比东邻的人诚挚,所以西邻的人能获得神祇的赐福。南齐武帝临终遗诏借用了《周易》的这句话说:"祭敬之典,本在因心。东邻杀牛,不如西家禴祭。我灵上慎勿以牲为祭,惟设饼、茶饮、干饭、酒脯而已。天下贵贱,咸同此制。"这里南齐武帝亦强调所有的祭典都是从心而出,与其杀牛供奉贵重的祭品,不如祭品很简单却诚心地祭祀。所以希望以后对自己的祭奠都要以诚为主,祭品普通一些即可。上述表述强调的都是礼要适度表达情感的问题。简言之,在合适的形式之下,礼最核心的功能还是要表达真情。小到朋友之间的握手,表达的也是好友相见或即

山东曲阜尼山圣境大学堂

将别离的喜悦或思念、祝福等，如此，礼仪才有真正的价值。

有情，重情，重视现世中人与人的温情脉脉是中国文化的特征。以仁礼之爱人、敬人为底色，是儒家文化与道家、佛教、基督教等文化相区分的重要特征之一。道家讲究无分别心，即"齐物"，人与自然统一，人与自然也是等齐的，但是这个"齐"不是出于爱或敬的情感，而恰是无我无他的无情感。佛家所谓普度众生，实际上也是教人看淡现世人生的爱恨情痴，基督教提倡爱人，这个爱是由上帝维系的，并非出于个体情感。总之，儒家的重情不仅是区别于其他文化的重要特征，在特殊人生处境下，人与人之间的温情还可能成为人的精神支撑。史铁生的散文《人间》中有一段对话：

"瘫痪后你是怎么……譬如说，你是——?"记者一时不知怎么说好，双手像是比划着一个圆球。

我懂了他的意思，说："那时我只想快点死。"

"哪里哪里，你太谦虚。"他微笑着，望着我。

可我那时是真想死，不记得怎么谦虚过。

"你是不是觉得不能再为人民……所以才……?"

我摇摇头，想起了我那时写过的一首诗：轻推小窗看春色，漏入人间一斜阳……

"那你为什么没有……?"记者像是有些失望了。

我说，我是命运的宠儿。他奇怪地瞪着我。

"您看我这手摇车，是十几个老同学凑钱给我买的……看这弹簧床，是个街坊给我做的……这棉裤，是邻居朱奶奶做的……还有这毛衣——那个女孩子也在我们街道生产组干过……生产组的门窄，手摇车进不去，一个小伙子天天背我……"

这段对话在史铁生的作品中并不突出，因为这类描写在他的作品中非常常见，但是却包含着非常丰富的内涵。对一个年轻力壮的小伙子来说，"瘫痪"并不比"死"好多少，所以作者说，刚开始时"只想快点死"。但是最终还是活下来，支撑"我"的力量是什么呢？作者自问自答：是老同学凑钱买的手摇车、是邻居奶奶做的棉裤、是生产组的同事织的毛衣、是背他出入生产组大门的小伙子……接下来，作者用较多的篇幅谈到了插队时认识的陕北农民寄给他的十张粮票，还有医院的大夫们、生产组的大妈们。在作者心目中，类似的事和人"说也说不完"，因此用了一句自作诗"轻推小窗看春色，漏入人间一斜阳"提纲挈领地做了概括。

在残酷的命运打击下，作者依赖平凡、微小的"人间"温暖得以生存。"我"的选择再次证明了中国传统文化重视现实人间温情的基本特质。与西方文化相比较，中国文化是一个世界的，即现实的客观世界，除了实际的人世间之外，没有一个彼岸的宗教世界。所以一些伦理法则比如仁爱、礼敬等既是处理现实人际关系和人生日常事务的规则，也是支撑中国人努力度过困境的精神依托。

（五）"克己复礼"与"修己以安人"

1."克己复礼"以达"仁"

如何实现仁？孔子给出了很多答案，从上述关于什么是仁的回答中我们已经看到很多了。还有一个回答影响了中国人几千年，一直到现在仍然在帮助我们提升自身修养，这个答案就是"克己复礼"。有一次，颜渊问什么是仁。孔子回答说："克己复礼为仁。一日克己复礼，天下归仁矣。为仁由己，而由人乎哉？"（《论语·颜渊》）克制自己不合理的欲望，约束自己的言行，使之符合礼仪规矩，就是仁。一旦每个人都这样做，天下的一切就都归于仁了。实行仁德完全在于自己，不在于别人。这个回答中包含了三个重要信息：一是"克己"，这里的"克"是克制、约束的意思，是克制自己的多余的欲望，而非压制、压抑自己正常的情感和需求；二是"复礼"，回归到周礼，不是机械地套用周礼，而是强调要回到周礼的精神与道德，周礼有些形式性的内容，孔子也是有"损益"的；三是"为仁由己"，孔子又一次把仁这样一个高超的道德标准或道德境界的起点归结到个体身上。如何"克己复礼"呢？孔子说："非礼勿视，非礼勿听，非礼勿言，非礼勿动。"一切不符合礼的事物，都不看，不听，不说，不做。这就全方位地规避了人违背礼的可能性。可以说，这个要求看起来简单，要全部做到并不容易。这就依赖于修身了。实际上，孔子的这个要求暗合了古时对于修身的要求。《尚书·洪范》认为修身包括貌、言、视、听、思五个方面，即修身"五事"："五事一曰貌，二曰言，三曰视，四曰听，五曰思。貌曰恭，言曰从，视曰明，听曰聪，思曰睿。恭作肃，从作乂，明作哲，聪作谋，睿作圣。"意思是衣着整洁，态度恭敬端正；好好说话；视野开阔，有智慧有洞察力；会听，善解人意；有思考的习惯，有思想。这是周武王向商朝贵族箕子请教治国之道时，箕子先讲五行，后讲修身之道。这也说明对修身的重视是从中华文化早期就开始了的。

换言之，孔子关于"克己复礼为仁"的表述，大致等于修身了，修身即修礼。孔子对于修身是极为重视的。《论语·宪问》篇记载一个大贤人叫蘧伯玉，孔子在卫国的时候见过他。据说这个人一生非常注重修正自己的错误，就是自省修身。"蘧伯玉使人于孔子。孔子与之坐而问焉，曰：'夫子何为？'对曰：'夫子欲寡其过而未能也。'使者出。子曰：'使乎！使乎！'"蘧伯玉的使者来见孔子，孔子问蘧伯玉在干什么呢？使者说他每天都在努力修正自己的过失而不能得其所愿。孔子听到这个回答很高兴，因为这符合孔子的理念，重视修身重视自省，对自己有要求有格调，这正是孔子所希望的。人身上有人性有动物性，自省修身就是努力协调这两者，克制动物性弘扬真正的人性。

2. 修己以安人

重视"修己"是儒家人文精神传统的成果之一。儒家人文精神表现在很多方面，但其核心在于"人可达至完美"的信念，相信人生而具有内在善因，只要加以培养即可修身养性、经世致用、成圣成贤。儒家所坚持的"人可达至完美"的观念，与佛教认为人生而"无明"、基督教认为人人皆有"原罪"观念形成鲜明对比。因为"人可达至完美"，所以修己、修身就不仅是必要而且是可行的了。当然，关于儒家文化为什么重视修己、修身，还有其他原因。首先，儒家文化认为，"身""己"是根本，是齐家治国平天下的起始点，不修身其他就谈不上了，"天下之本在国，国之本在家，家之本在身"（《孟子·离娄上》）。实际上，儒家所说的"身"与西方文化中所说的"肉身"不同，它指的是"人"自身，包括"自己"在内，侧重指努力提高自身修养，约等于努力"内圣"。其次，修身的重要性还在于"人"是一切理想实现的关键力量，"人能弘道，非道弘人"（《论语·卫灵公》），"仁远乎哉，我欲仁，斯仁至矣"（《论语·述而》）。在孔子看来，"人"即"己"是最重要的起点也是关键动力要素。每一个"己"都能弘道，都能践行"仁"。于是"人"——每一个"己"——都有崇高的责任与义务去为弘道、行仁做准备，做努力。可以说，以孔子为代表的齐鲁文化对人的主观能动性的认识非常深刻，让我们看到几千年前那么自尊、朝气蓬勃、期许甚高的齐鲁儒者。

那么如何修身呢？方法有两个，像蘧伯玉那样每天跟自己过不去的方法叫"自省"。所谓"省"，是指反省、省思。这是"知"的路径之一，也是人有而动物没有的。"省"的思维传统也是自中国上古时期就已经养成的，《周易·乾卦》曰："君子终日乾乾，夕惕若厉，无咎。"意思是君子始终是白天勤奋努力，夜晚戒惧反省，虽然处境艰难，终究没有灾难。可见，反省是与努力一样重要的行为方式。

孔子及孔门弟子论"省"的表述非常多，"见贤思齐焉，见不贤而内自省也"（《论语·里仁》），"三人行，必有我师焉。择其善者而从之，其不善者而改之"（《论语·述而》），曾子曰："吾日三省吾身：为人谋而不忠乎？与朋友交而不信乎？传不习乎？"（《论语·学而》）。"吾日三省吾身"，每天都要反省，这是与上述"君子"一样的标准了，可见齐鲁文化对于"省"的重视，也可以将"省"视为孔子及儒家对自身要求甚高的表现。那么"省"为什么这么重要？《论语·颜渊》篇中记载："司马牛问君子。子曰：'君子不忧不惧。'曰：'不忧不惧，斯谓之君子已乎？'子曰：'内省不疚，夫何忧何惧？'"司马牛问什么是君子，孔子说君子不忧虑不害怕。司马牛不满意，反问说不忧虑不害怕就是君子吗？孔子回答说：反省的时候不愧疚，还有什么可忧虑害怕的？换句话说，能做到问心无愧，不忧不惧的就是有品格的人，当然就是君子了。孔子对"省"的这个解释非常厉害。即便在当下，撇开是否君子不说，我们也常说"不做亏心事，不怕鬼叫门"，亏心事做没做，只有自己知道，也就是自省的时候最清楚。自省而不忧惧，就一定是坐得端行得正了；当我们自省，用适当、适度的原则去检看自己的所言所行、所作所为，发现是合理的、正确的，从而内心坦荡，活到这样的境界不是太自在、太理想了吗。

重"省"的观念对中华文化影响深远，古代儒者始终重视自省、内省，包括宋代儒者群体整体都强调自省，虽说有禅宗影响，但终归是因中华文化"内省"因子与禅宗精神契合，才顺理成章地结合为一体。明代陆象山、王阳明，包括熊十力、牟宗三等新儒家代表的学术脉络——要发掘内心的力量，内省，都是沿此而来。

修身的另一重要路径是"学"。孔子对学的痴迷也是大家耳熟能详的。孔子以好学著称，自谓："我非生而知之者，好古，敏以求之者也"（《论语·述而》）；"学而不厌"（《论语·述而》）；自信"十室之邑，必有忠信如丘者焉，不如丘之好学也"（《论语·公冶长》）。孔子好学，为了学习不仅忘记吃饭，达到不知岁月将尽人之将死的境地，而且主张学思结合是学习的重要方法："学而不思则罔，思而不学则殆"（《论语·为政》），提倡学思并重，学而不思必然茫然无得；思而不学必然流于空想而徒耗精力。当然，孔子的"学"与我们当下所说的"学"不太一样，是包括"习"在内的，即"学而时习之"（《论语·学而》），理论与实践相结合，身体力行。孔子的衣食住行就是严格按照周礼进行，是"学""习"一体、知行合一的。

齐鲁文化乃至中华文化如此强调修己，那么独善其身是不是就可以了？当然不是。如何处理人与世界的关系，如何安顿自身是一个世界性问题，也是一个永恒的问题。在人开始拥有独立意识时就已经开始思考这个问题，答案也很多。希腊德尔菲神庙门前的神谕"认识你自己"是经典答案之一。中华文化一开始就是在天地人"三才"格局和人际关系中来界定人,所以中华文化中的"修己"与西方的"认识你自己"在目的上有了差异,后者是为彰显人的独立性、主体性,而前者则求有益于他人,即有益于家人、有益于国家、有益于天下。借用现代语言,就是在关于人生意义与价值上,中华文化是强调人要有作为的,有益于他人才是价值和意义的体现。所以孔子一生奔波周游列国,游说君主实行仁政,这是首先选择从君主开始,由上而下重建"国"之秩序;行不通之后则选择"教化",教化民众,是做了有益于他人、有益于社会的事情。孟子的路径也差不多,游说君主之道行不通之后,选择著书立说,在思想上影响他人,这都是在"安人"。既然目标在"安人",独善其身有时就不仅不是好的选择,而且可能是渎职行为,是要受批评的。《阅微草堂笔记》记一逸闻趣事:"北村郑苏仙,一日梦至冥府,见阎罗王方录囚。……有一官公服昂然入,自称所至但饮一杯水,今无愧鬼神。王哂曰:'设官以治民,下至驿丞闸官,皆有利弊之当理。但不要钱即为好官,植木偶于堂,并水不饮,不更胜公乎?'官又辩曰:'某虽无功,亦无罪。'王曰:'公一生处处求自全,某狱某狱,避嫌疑而不言,非负民乎?某事某事,畏烦重而不举,非负国乎?三载考绩之谓何?无功即有罪矣。'"以上这则笔记,将只管洁身自好不顾职责的官员批评为不如木偶,形象有趣,讽刺入木三分。当然更值得注意的还在最后一句结论:"无功即有罪"。这既是对只管修身不顾民生的庸官的批评，也是对古今君子的警示。

当然，换个角度，我们也可以说，作为普通个体，能重视内心修养就已经很不错了。毕竟只求自己"明心见性"也很不易，总比连向内自修都不求要好。但是如果身居公职就危害大了，所以上述笔记才说"无功即有罪"。而孔子遵周礼、行教化的目标，是培养君子，培养对群体、社会、国家有用的人，自然不能将目标局限于"修己以独善其身"，而是"修己以安人"，在孔子看来，这就是"大仁"了。

（六）齐之以礼与为政以德

1. 德化礼治为仁政之道

孔子谈"仁"，实际上主要是对君主说的，希望君主实行仁政。如何实行仁政呢？孔子提出"德化""礼治"的治理理想："为政以德，譬如北辰居其所而众星拱之。"（《论语·为政》）意思是，如果实行德治，群臣百姓就会自动围绕着你转。从汉字构成上看，"德"字的字形在甲骨文和西周金文中是不同的，最终在金文中形成如今从"彳"从"直"从"心"的结构，基本含义为"行正，目正，心正"。古人认为"德"为根本。《尚书》用"德"二百余次，所指有"天德"有"人德"。与夏商时期以"天"为则的观念相应，当时认为天有美德，人（君）承天德而统治天下，"惟克天德，自作元命，配享在下"（《尚书·吕刑》），意思是（有美德的人）肩负上天仁爱的美德，自己造就了好命，所以配天在下享有禄位。《周易·乾·文言》中有"飞龙在天，乃位乎天德"的说法。后来《荀子·不苟》中说"变化代兴，谓之天德"，意思是天德是变化之德。后来，"天德"常与"圣人之德"相匹配，即圣人之德如天德，郭店楚简《成之闻之》说："昔者君子有言曰：圣人天德何？言慎求之于己而可以至顺天之常矣。"意思是"天德"乃是圣人之德，它唯有通过"慎求之于己"才可能得到。郭店楚简大致是战国中期的作品，这时的"天德"已经基本等同于"圣人之德"了。

天德约等于圣人之德，因此，"德"在儒家思想观念中本是一个政治性很强的范畴，与为政有密切联系，与现代我们所说的普通人的道德有很大区别。"德治天下"是西周形成的观念。西周以弱小战胜了强大，所以不太讲究"武治天下"，于是文德就成为中华文化根深蒂固的一种观念，为政者首先要有德行。所以孔子说"为政以德"大致是西周"德治天下"观念的继承，不能说是孔子的发明。但是孔子深化、具体化了"为政以德"的内容。

🔗 **知识链接** ··········

"德"字的结构，左边是"彳"（chì），它在古文字中多表示"行走"之义；右部是"直"，其字形像一只眼睛上面有一条直线，表示眼睛要看正；二者相合就是"行得要正，看得要直"之义。字形在右边的眼睛下加了一颗"心"，这又给"德"

字的含义加了一条标准，即除了"行正、目正"外，还要"心正"，可见人们对"德"字的含义标准要求越来越高。

2. 德与礼、耻的关系

孔子比较了刑、礼、德的治理效果。"子曰：'道之以政，齐之以刑，民免而无耻。道之以德，齐之以礼，有耻且格。'"（《论语·为政》）"道"有治理、引导的意思，"刑"原来指模型。这句话的意思是，用政令来引导大家，对不遵从政令的人用刑罚惩戒，那么民众就会想方设法逃避处罚，变得无耻；若以德行引导，用礼来约束，那么民众就会有耻辱感，努力去提高自己的德行。因此，孔子认为治理的最高理想是"道之以德，齐之以礼，有耻且格"。其实这也是中国政治的最高理想追求，即希望用德行和文教的手段达到止于至善的最高目标。这一目标比较理想主义，实现起来比较困难，但是孔子所提出的这一为政理想中有两点是颇有意义且仍然值得深思的。

一是德、礼关系。南宋理学家朱熹在《四书章句集注》中解释孔子"道之以政，齐之以刑"句说："德礼则所以出治之本，而德又礼之本也"，认为德礼是为政的根本，而德又是礼的根本。对于为政而言，德礼之治的效果在于"使民日迁善而不自知"。孔子乃至儒家之所以强调德礼之治，主要是从效果着眼的。刑罚虽然效果显著但是民众反抗也激烈，秦代暴政就是例子。儒家非常反对不教而罚的懒政，认为治理的最好方式是德政一体，以德礼教化民众，就如德风之偃草，如雅正之音胜于郑卫之音，如细雨润物，化民至温柔敦厚而民不自知。德治为主、刑罚为辅，教化先行的理念是儒家为政的重要思想，至今仍然具有重要启示意义。现在社会上存在不少有管理无教育、有处罚无教育的现象。如何避免懒政，探索合理、可行的路径将教育与管理协调统一起来，是一个值得思考的问题。

二是德、耻关系。孔子将德礼之治与民众的耻辱感联系起来。这又是一个非常重要且根本的问题，提醒我们要注意耻辱感的重要性及其养成问题。耻辱感是做人的底线，但是不是所有人都有耻辱感。观察我们身边的人，就会发现有些人说错一句话都觉得羞耻，有些人小偷小摸也不觉得丢人；有的人会因为未能尽心尽力而羞愧，而有的人耍奸磨滑玩忽职守还沾沾自喜。这后两种表现就是耻辱线太低了。孔子指出，如果一个社会用政令引导大家，用刑罚要求大家，社会耻辱线就会比较低。这个观点对不对另当别论，但是，这也提醒我们，对待小的过失不可大动干戈上纲上线，比如小孩子在公共场合无意破坏了点东西，就没必要上纲上线大声斥责，冷静理性地说清楚教育下就行了，哪怕需要赔偿也要理性沟通。如果用力过猛了，就可能会伤害人的自尊，要么留下阴影要么从此降低人的耻辱线。有时候一个巴掌就可能打出一个社会的敌人。这可能也是孔子反复强调要用德治，用柔化的手段的原因。在孔子看来刑罚与尊严、尊重是不契合的，因而不能动辄就用严厉的惩罚。这和社会有没有法治是两个层面的问题。孔子并没有否定刑，只是更提倡用与人为善的态度去约束、教化、引导民众，这是非常有道理的。

三、孟子释礼于"义"

　　孟子的很多思想承继了孔子，同时又进行了创造性的阐释和发展。因而孔子和孟子既有一贯传承的方面，也有不同之处。总体上看，孔子说理，侧重于从日常生活中入手，循循善诱，平易近人；孟子说理，强调论辩，洋洋洒洒，大义高陈。风格的不同，一方面源于个体性格差异，另一方面源于时代风气。孟子生活的时期，论辩盛行，所以孟子也善辩，是一个长于论辩的思想家。

　　与孔子的思想集中体现于由其弟子所编的《论语》一样，孟子的思想也集中体现于由他和弟子所编撰的《孟子》一书中。不过与《论语》被后世顺利接受不同，《孟子》一书的接受颇经历了一番周折。部分原因在于孟子的"民贵"思想在一定程度上挑战了封建时期的君权和社会等级次序，因而该书在成书之后的很长一段时间内不被重视，《汉书·艺文志》仅仅将其列在"子书"一类，直到南宋时期该书的影响才逐渐扩大，不仅被列为"十三经"之一，而且被朱熹列为"四书"之一。但到明代，朱元璋非常排斥孟子，认为"君之视臣如土芥，则臣视君如寇雠"（《孟子·离娄下》）之语不是臣子该说的话，把孟子撤出孔庙。虽然后来恢复配享，但仍然对《孟子》中的一些语句或篇章进行了删减。《孟子》一书的接受过程一方面反映了思想传播和作品接受的复杂性，另一方面也反映出《孟子》思想的开拓性、丰富的意义和阔大的价值空间。

（一）梁惠王问利与孟子的仁政思想

1. 孟子具体化了仁政思想

孟子第一次去拜见梁惠王。梁惠王问："不远千里而来，亦将有以利吾国乎？"（《孟子·梁惠王上》）意思是您不远千里来到我这里，能为我的国家带来什么利益呢？孟子回答说："王，何必曰利？亦有仁义而已矣。"意思是大王您何必要说利益呢，有仁德和义行就可以了。如果首先关注利益的话，那么大王问"何以利吾国"，对我国有什么好处；大夫就会问"何以利吾家"，对我家有什么好处；士人庶人就会问"何以利吾身"，对我个人有什么好处，上下都以利益为主要目标的话，国家就危险了。而且"苟为后义而先利，不夺不餍"，如果忽视义行而重视利益，那么大夫不把国君的产业夺过去是不会满足的。由此出发，孟子提出君主首先要关注的不是利益，而是仁政，只有施行仁政，百姓才能安居乐业，国家才能长治久安。

以仁义为本是孟子思想的突出特点。孟子发展了孔子的"仁"，又发展出"义"的范畴，使得"仁"与"义"共同成为"礼"的重要支撑。这里我们先讨论孟子的仁政思想，也就是孟子如何发展了孔子的"仁政"。前面说过，孔子之"仁"，意为"爱人"，是以家族血缘关系为核心的有差等的仁爱，更是爱百姓、有益于天下的"大仁"，因此希望君主能够施行仁政。孟子承继了孔子关于仁的思想，并将仁政思想进行了具体化。

2. 养民、富民为仁政之要

《孟子·梁惠王上》还记载了一个故事。梁惠王曾经很苦恼地问孟子一个问题：河内发生饥荒，我就把百姓迁到河东，又把粮食运到河内去。对于国事，我已经比邻国用心多了，为什么我的百姓没有增加呢？孟子说：战争期间有士兵逃跑，有的跑一百步停下来，有的跑五十步停下来，那些跑五十步的嘲笑跑一百步的，合适吗？这里孟子的意思是：大王与邻国国君相比，也不过是五十步笑百步。因为您只是做了一些工作，但未能真正在国内行仁义之道。换言之，若君主不懂仁义之道，哪怕进行了技术层面的改革，也不能算是真正的仁君，与那些无道昏君是五十步笑百步。

那么什么是真正的仁义之道呢？孟子认为那就是养民、富民、教民。养民，即让百姓有田种，衣食无忧，且要使民以时。孟子对梁惠王说："不违农时，谷不可胜食也。数罟不入洿池，鱼鳖不可胜食也。斧斤以时入山林，材木不可胜用也。谷与鱼鳖不可胜食，材木不可胜用，是使民养生丧死无憾也。"真正的仁义，就是在农业上使民以时，在渔业上不竭泽而渔，在林业上砍伐树木要遵守时令，如此则百姓衣食无忧，也是王道的开始。孟子还描述了王道世界中庶民的理想生活："五亩之宅，树之以桑，五十者可以衣帛矣。鸡豚狗彘之畜无失其时，七十者可以食肉矣。"就是百姓有足够的田地可以种桑养蚕，畜养牲畜，老有所养，生活富足。那么养民、富民、百姓衣食无忧之后呢？孟子认为还要进一步教民，"谨庠序之教，申之以孝悌之义，颁白者不负戴于道路矣。"要办学校教育，反复讲述孝亲敬长的道理，如此则七十岁以上老人的赡养问题也无忧了，这才是真正的仁政。

孟子画像

总之，在孟子看来，仁政是很具体的。首先是要养民，使民以时以保证百姓正常耕种收获衣食无忧；其次是富民，给百姓足够的田地，让他们可以养蚕种桑畜养家畜，物质丰裕；最后要教民，使百姓明孝悌德义，老有所养。很显然，孟子养民、富民的思想以及物质富足先于礼义的思想与管仲的"仓廪实而知礼节"、孔子的"庶之、富之、教之"的思想等一脉相承。重教化但以富民为基础，是先秦时期齐鲁先贤的共同认识，在儒学后期发展过程中，这一思想被弱化了，尤其是宋明理学以后侧重于道德和心性，着眼点落在道德、精神层面上，把衣食住行这一最基本的"活着"的层面给淡忘了。

3. 与民同乐是仁政的最高境界

衣食无忧，孝敬老人，这样就够了吗？孟子认为这还不是仁政的最高境界，仁政的最高境界是"与民同乐"。有一次，孟子与梁惠王一同游玩。在一个池沼旁边，梁惠王一面观赏雁群与鹿群，一面问孟子："贤者亦乐此乎？"（《孟子·梁惠王上》）贤良的人也会以此为乐吗？孟子回答说："贤者而后乐此。不贤者虽有此，不乐也。"只有贤良的人才能享受这种快乐，不贤良的人即使有这种快乐也是无法享受的。为什么呢？孟子举例说：古时周文王贤良，百姓帮助他建灵台，文王快乐，百姓也快乐。纣王不贤良，百姓发誓要与之同归于尽，即便他有高台深池各种奇珍鸟兽，他能快乐吗？所以仁政的最高境界是"与民偕乐"。孟子非常重视与民同乐，多次重申他的这一观点。《孟子·梁惠王下》记载了一则孟子与齐宣王的故事。齐宣王爱好当时的世俗流行音乐。孟子说爱好音乐没什么问题，爱好古代音乐和当代音乐也没什么差别，关键是要"与民同乐"，"独乐乐，不若与众乐乐"。如果做不到与民同乐，那么当民众听到国君在听音乐时就会怨愤说：大王爱好音乐，可是为什么让我们陷入父子不相见、兄弟妻儿离散的绝境？如果能与民同乐，则百姓听到国君在赏乐时就会高兴地说：我们国君大概身体很好，否则怎么能欣赏音乐呢？这里，孟子仍然是用百姓关于国君欣赏音乐的不同反应来说明与民同乐的重要性。

"与民同乐"由孟子开始成为以民为本、君民同心的标杆并为后世所继承。《史记·秦始皇本纪》记载，公元前 222 年五月，秦王嬴政"平韩、赵、魏、燕、楚五国"，统一在望，"天下大酺"，就是天下共同饮酒，共同欢乐，有点像君民同乐的狂欢节了。唐代的武则天和唐玄宗，宋代的宋真宗也是非常喜欢"天下大酺"的。对于在繁复礼制约束下的中国古人而言，"天下大酺"无疑是难得的放松身心的机会。同时，孟子对君主所设定的"乐以天下，忧以天下"（《孟子·梁惠王下》）的理想目标也为后世所承继，北宋范仲淹说"先天下之忧而忧，后天下之乐而乐"，将孟子对君主的要求转化为儒者的自我要求，顾炎武的"天下兴亡，匹夫有责"与之一脉相承。这些要求虽然因其高远实现起来有难度，但蕴含其中的蓬勃的精神与酣畅淋漓的生气是颇令人鼓舞和感动的。

（二）孟子之"义"

1.孟子赋予"义"独特内涵

与"仁"一样，"义"也是中华文化中的一个重要范畴，很早就被广泛运用于先秦时期的齐鲁文化中。《管子》一书中即有"礼义廉耻"的说法，孔子也多次谈及义的问题，不过没有集中发挥，孔子看重的是"仁"。孟子重"义"，因而对其进行了集中发挥，使之成为中华传统文化中一个非常重要的范畴，成为仁人志士的行为标准和道德标尺。那么什么是"义"

呢？跟孔子推崇"仁"但没有给出明确定义一样，孟子也没有明确解释什么是"义"。有一次孟子与公孙丑评论伯夷、伊尹和孔子。公孙丑问孟子这三人的共同点是什么。孟子说："得百里之地而君之，皆能以朝诸侯，有天下。行一不义、杀一不辜而得天下，皆不为也。是则同。"（《孟子·公孙丑上》）意思是，如果能有纵横一百里的土地让他们担任君主，这三人都能让诸侯来朝见而统治天下；如果要让他们做一件不义的事，杀一个无辜的人，哪怕这样就可以得天下，他们也不会去做。这就是他们的共同之处。这里的"不义"与"杀无辜之人"相对，那么所谓"义"就是道义、正义、公理、合理的意思。综合《孟子》一书中谈论"义"的不同语境，可以发现，"义"就是"理"，大致相当于"道义""正义""适宜""合理""恰当""应该""公理"等，即人在具体、特定的情境下，根据道义应该怎么做，这显然依赖于人的主观判断，因而对人的主观能动性、对人的综合素质尤其是道德素养要求是很高的。

如果我们仅仅把孟子的"义"理解为为人行事的标准，那么就大大误解了孟子推崇"义"的意义。在孟子心目中，"义"不是外在的标准，而是内在的道德追求，是生成浩然之气的根本之一。什么是浩然之气呢？孟子说："其为气也，至大至刚，以直养而无害，则塞于天地之间。其为气也，配义与道；无是，馁也。是集义所生者，非义袭而取之也。行有不慊于心，则馁矣。"（《孟子·公孙丑上》）浩然之气，最盛大也最刚强，以正直去培养而不加妨碍，就会充满在天地之间。那一种气，需要义行和正道配合；没有义行和正道，它就会萎缩。它是不断集结义行而产生的，不是偶然的义行就能装扮成的。傅佩荣认为，浩然之气就是把人的生命力发挥到极致，抵达与天地万物相通，"塞于天地之间"的地步。① 孟子认为要培养这样的至大至刚的气，人必须真诚而正直，同时配合义行与正道，即做该做的事，行人生的光明大道。换言之，"义"是生发浩然之气的重要要素之一，是人的高尚道德和智慧的结晶。

2. 人生之乐在于行"仁义礼智"

正是在把"义"视为道德和智慧的结晶、是浩然之气的生发要素这一思路上，孟子认为行"仁义礼智"才可以得到最高的快乐。孟子主张身心合一。孟子识人有一个办法，那就是看一个人的眼睛。他说观察一个人，看他的眼睛就可以了。心思正直，眼睛就明亮，心思不正直，眼睛就浊暗。听着一个人说话，同时看着他的眼睛，这样这个人善恶的心思就无处躲藏了。这充分说明，孟子是主张身心合一的。

孟子的身心合一论的最高境界是"快乐"，而若要得到这快乐，有一个路径是践行仁义礼智。我们都知道，仁义礼智是孟子提出的人性"四端"："恻隐之心，仁之端也；羞恶之心，义之端也；辞让之心，礼之端也；是非之心，智之端也。"（《孟子·公孙丑上》）孟子认为人性善，人性之善具体表现为仁义

---

① 傅佩荣：《解读孟子》，东方出版社 2023 年版，第 64 页。

礼智，这四者分别代表人的怜悯心、羞耻心、恭敬心和是非心，都是仁的美德，也是人类的常性。钱穆先生高度评价了孟子的性善论，他认为孟子的性善论是中华传统文化的精神依凭。没有西方文化中的上帝，也没有佛教文化中的佛陀，中华古代文化既不依赖宗教，也不依赖法律，却又不消极悲观，全仰赖于人性善论的支撑。① 这个评价是很高的。

由善生发出的仁义礼智，具体到日常生活中怎么实行呢？对此孟子有一个解释："仁之实，事亲是也；义之实，从兄是也；智之实，知斯二者弗去是也；礼之实，节文斯二者是也；乐之实，乐斯二者，乐则生矣；生则恶可已也，恶可已则不知足之蹈之手之舞之。"（《孟子·离娄上》）仁德的实质是侍奉父母，义行的实质是顺从兄长，明智的实质是知道仁与义两者是不能离开的，守礼的实质是对仁与义加以调节和文饰。那么快乐的实质呢？是从仁义中得到的。人一旦得到这种快乐，就会抑制不住地手舞足蹈。也就是说，在孟子看来，仁义是基础，礼智乐都是对仁和义的适当响应。如此一来，人生光明坦途就展现出来了，随之出现的就是快乐。很显然，孟子所说的快乐是一种精神状态，一种人生境界，是践行仁义礼智之后所得到的身心愉悦。这是一种深层次的快乐，与即时满足所得到的浅层次快乐性质迥异。这种快乐所引发的手舞足蹈再次证明孟子是主张身心合一的，心的快乐要从身的仁义之行中获得。

---

① 钱穆：《四书释义》，九州出版社 2020 年版，第 123 页。

西方心理学家马斯洛提出一个著名的需求层次理论，认为人的需求结构呈金字塔型，一共有五个层次，由下而上分别是生理需求（衣食住行）、安全（工作保障）、社交（友谊）、尊重、自我实现。到达最上层的自我实现之后，人就获得了超越，就会获得深层的快乐。这最高层次的快乐往往与个体的得失无关，而是与奉献、有益于他人和社会有关。孟子所说的在仁义礼智之后所获得的快乐与马斯洛的自我实现需求有异曲同工之妙，只不过孟子比马斯洛更侧重于个体对于社会、国家、天下的贡献罢了。

了解了孟子之"义"的基本内涵以及孟子对"义"的高度期许之后，我们还需要注意孟子推崇"义"的时代背景。实际上，当时推崇"义"的不仅仅是孟子，与孟子差不多同一时期的墨子也高举"义"，《墨子》一书多数篇目有"义"字，不仅国君要以义为标准行仁政，所谓"顺天意者，义政也"（《墨子·天志上》），而且普通人也应该"富则见义"（《墨子·修身》）。由此可见，"义"大概是战国时期的流行思想。孟子之所以重"义"，很大程度上缘于其所生活的时代背景的激发。据史料记载，在孟子生活的时期，"义"非常流行，人们把道义、原则看得比生命还重要。《史记·孟尝君列传》记载，名列战国时期四公子之一的孟尝君门下有食客数千人，不分贵贱，吃的都与孟尝君一样。有一天晚上吃饭的时候，由于灯光不好，有一位食客发现自己的食物不如别人的，以为受到轻视，大为震怒，丢下饭碗就要走。孟尝君赶紧站起来，把自己的饭与这个食客的相比较。食客发现两者吃的完全一样，感到非常惭愧，认为自己心眼太小，气量狭隘，不信任孟尝君，就自杀了。时移世易，现在我们很难理解为了一顿饭而自杀的行为。事实上这位食客的自杀，根本原因不在于一顿饭，而是因为自己存在人格不够完美、对朋友不够信任等道德瑕疵。这样一派天真、道义为大的人格大概也就只能存在于战国时期了吧。

（三）嫂溺之辩与"礼""义"权变

1.以"义"为行"礼"之标准

孟子虽然重视、发挥了"义"，但多是将之与"仁"或"礼"并用，大致是根据"义"如何行"仁"如何守"礼"的意思。孟子有一个学生叫万章，很喜欢提问。有一回万章问孟子："敢问不见诸侯，何义也?"请问您到一个地方，都不去见诸侯，这是什么规矩呢? 孟子回答说："在国曰市井之臣，在野曰草莽之臣，皆谓庶人。庶人不传质为臣，不敢见于诸侯，礼也。"（《孟子·万章下》）孟子的意思是，寄居在别的国家，只是一个普通的市民，没有官位、职务，等于是散居在草野之中的普通人，按照古礼，这样的身份是不能见诸侯的。这里，孟子的不见诸侯是按照礼的规矩来的，"礼""义"一致，没问题，处理起来很简单。

但是在实际生活中，有很多时候"礼""义"似乎是相悖的，那怎么办呢？

　　齐国有一个人叫淳于髡，这个人博闻强记，好辩论。《孟子·离娄上》记载，有一回他跟孟子在梁国相遇，问孟子一个问题："男女授受不亲，礼与？"男女之间不能直接递接东西，这是礼制吧？孟子回答说这是礼制。淳于髡又问，那么嫂嫂掉到井里要不要伸手去救呢？孟子回答说："嫂溺不援，是豺狼也。男女授受不亲，礼也；嫂溺，援之以手者，权也。"嫂嫂掉到水里当然要伸手去救，不救，不成豺狼了吗？男女授受不亲是礼制规矩，伸手救嫂嫂是变通的办法。孟子的意思是，礼制规矩就在那里，是合理的，但是在具体情境下，又必须根据需要进行变通，合理的、合宜的，就当仁不让；不合理的、不应该的，则丝毫不能苟且，有所为有所不为。

　　这就是孟子对礼的态度，不是僵化教条地遵守礼，而是要以"义"为准绳，有所为有所不为。在上述讨论之后，淳于髡又追问孟子说，现在天下人都掉水里了，你怎么不伸手去救呢？孟子反驳说："天下溺，援之以道；嫂溺，援之以手，子欲手援天下乎？"天下人掉水里，自然要用正道去救；嫂嫂掉到水里要用手去救。你难道想用手去救天下人吗？可见，淳于髡是在诡辩，而孟子则根据淳于髡设定的不同情境提供不同的答案。而无论是用手救人还是用正道救天下，都是"礼""义"权变的结果。

2.孟子"礼""义"权变的两大意义

孟子的"礼""义"权变有两大意义。第一,"礼""义"权变思想实际上是中国传统思维智慧的运用。《易传·系辞上》说:"圣人有以见天下之动,而观其会通,以行其典礼"。圣人发现天下万物运动不息,就观察其中会和变通的原理,然后制定适宜的典礼。这里的"会通"就是融会贯通、综合考量,强调融会贯通、综合考量之后再行事。孔子及其弟子也强调权变会通,比如子夏说:"大德不逾闲,小德出入可也。"(《论语·子张》)在重大的道德节操和原则问题上丝毫不能妥协,必须坚守界限,但在日常生活的小节问题上有所出入也是可以接受的。孟子继承了先秦以来的权变思想,"大人者,言不必信,行不必果,惟义所在"(《孟子·离娄下》)。品德高尚的人,说出的话不必句句守信,所做的事不必事事成功,一切都要看是否符合道义而定。上述种种思想,强调的都是人的变通能力,也就是说一个有修养的人,要善于根据具体情况、特定情形、具体身份对自己的言行、策略、原则进行适当调整。客观而言,权变、会通、灵活变通,是先秦儒家非常可贵的思想之一,可惜的是,在后世传承过程中,变通性的思想被弱化或忽略了,因此导致种种执其一端的情形。

孟子"礼""义"权变思想的第二个意义,是说明礼不是僵化的教条,而是可以依存人性进行调整,考验的是人的品性和智慧。《孟子·公孙丑下》记载了一个关于孟子收礼的故事，说孟子在齐国的时候，齐湣王送给他一百金，孟子拒绝了；在宋国的时候，人家送他七十金，他接受了；在薛国人家送他五十金，他也接受了。孟子的学生陈臻不理解，就问孟子说：老师，同样是收礼，您怎么有的收有的不收，多的拒绝少的收了呢？如果收是对的，那么拒绝就是错的；如果拒绝是对的，那么接受就是错的。老师您一定有一事做错了。孟子回答说：我无论接受还是拒绝都是对的。在宋国的时候我即将远行，人家按照古礼送我盘缠，这是规矩，我拒绝不合适。在薛国的时候，我是客卿，薛国民风彪悍，薛国管理者认为我应该加强我的保护装备，这是人家的责任也是情谊，我也得收。但是在齐国呢？我没有什么名分就接受人家的馈赠，这不是把自己当货物进行交易吗？

可见孟子在日常生活中就是随时根据礼和义进行取舍的。日常生活中需要根据礼、义进行取舍的情境非常多。《孟子·告子下》记载，有一回孟子的学生屋庐子与一个叫任人的人讨论礼义问题。任人问屋庐子：礼义与吃饭哪一样重要？屋庐子回答说：礼义重要。任人又问：娶妻与礼义哪一样重要？屋庐子说：礼义重要。任人继续追问：如果不遵守礼义既可以吃饭又可以娶妻，那么还一定要遵守礼义吗？屋庐子回答不上来，就去问孟子。孟子说，这有什么难回答的呢？你就告诉他：扭住哥哥的手臂抢走他的食物就有饭吃，不扭就没饭吃，难道就要扭哥哥的手臂吗？翻过墙去邻居家搂住人家的女儿就能娶妻，不搂就不能娶妻，难道就要去翻墙搂人家的女儿吗？

在现实生活中，如果遵守礼义就能满足食色之欲，又有谁不愿意遵守呢？难的是人生、社会充满特殊的情境和状况，这个时候如何行事就需要智慧来判断了。与前面的嫂溺之辩一样，这里孟子依然强调要依礼行事，同时要根据义来权衡判断。孟子从未反对权衡与变通，但是强调要考虑周全，依据道义来定夺取舍。很多人生疑问并没有标准答案，只有个人根据道义进行分辨，这是孟子的礼义权变论给我们的启示。

 知识链接

在中国传统文化中，服饰是礼仪的一部分，是财富、地位、权力的象征。赵匡胤在陈桥兵变中"黄袍加身"，成为北宋的开国皇帝。关于"黄袍"之类的故事只能发生在唐代以后，因为黄色成为皇帝所独有是从唐代开始的，不是电视剧中常见的明黄，而是稍微偏红的赭红色。用官服的颜色来区分官员等级也是从唐代正式确立的。三品官以上着紫，四、五品着朱，五品以上都是贵官。白居易《琵琶行》说："座中泣下谁最多，江州司马青衫湿。"因为当时白居易任江州司马，属于九品，所以着青衫。

（四）告子问性与"义"生于内

1. 人性是内在的还是外在的？

在孟子生活的时期，有一个人叫告子。历史上关于告子的资料非常少，有人认为他是孟子的学生，也有人认为是墨子的学生，思想观念跟孟子不一样。告子认为人性就像水一样，没有特定的方向，因此人性是"中性"的，无所谓善与不善。这一观念与孟子的性善论不一致，因而两人有很多次辩论。有一回告子跟孟子辩论人性与道义的问题。告子说，人性就像杞柳，道义就像杯盘。依靠人性去做到仁德义行，就像以杞柳去做杯盘一样。孟子说，不能这样比喻啊，"子能顺杞柳之性以为桮棬乎？将戕贼杞柳而后以为桮棬也？如将戕贼杞柳而以为桮棬，则亦将戕贼人以为仁义与？"（《孟子·告子上》）你是顺着杞柳的本性去做成杯盘还是强扭着杞柳去做杯盘呢？如果是强扭着杞柳去做杯盘，难道也要伤害人性去行仁德义行吗？孟子的意思是说，不能用外力来勉强人去行仁德义行，而是要顺着人性去行仁义；"仁""义"都是在人性之内的，我们要顺应这人性的内在力量。而告子显然重视外在的力量，认为要靠外力来勉强人去行仁义。孟子与告子，一个主张"顺"人性行仁义，一个主张"勉强"人性行仁义，思想观念迥异。

2."义"生于内

孟子之所以主张要顺着人性去行仁义，是因为他相信"义"是存在于人性之中的，即"义"生于内。孟子多次强调这一点。比如在提出大家耳熟能详的人性"四端"论之后，孟子明确表示："仁、义、礼、智，非由外铄我也，我固有之也，弗思耳矣。"（《孟子·告子上》）也就是说，仁义礼智，不是外来的，而是我们固有的，只是我们没有去省思罢了。那么，"义"作为应该做什么、应该怎么做的依据，为什么不是外在的，而是内在的呢？因为当我们根据具体情形，在礼的框架下去判断的时候，这个判断依据不是唯一的，也不是固定的，而是需要个人的智慧。这个智慧来自人性的善。孟子认为人性本善。由善的人性生发出仁义是非常自然的事情。孟子认为这也正是人区别于动物的地方："人之所以异于禽兽者几希，庶民去之，君子存之。舜明于庶物，察于人伦，由仁义行，非行仁义也。"（《孟子·离娄下》）意思是，人与禽兽不同的地方，只有一点点，一般人丢弃了它，君子则把它保存了下来。舜了解事物的常态，明辨人伦，顺着仁义去行动，而不是刻意去行仁义。

为论述义生于内，《孟子》一书中还把"敬"与"义"相关联。因为"敬"是由内心生发出的情感，以此为本的"义"必然不是外来的，而只能是由人性生发出来。有一次，一个叫孟季子的人问孟子的学生公都子：为什么说义是由内生发出来而非外来的？公都子回答说："行吾敬，故谓之内也"（《孟子·告子上》)，义是表达敬意，所以是发自内在的。孟季子不认同这个观点，公都子只好求助孟子。孟子举例说，一般情况下弟弟要尊敬哥哥，但是有同乡长者在场的话，就要先尊敬同乡长者，这就是"义"。孟子的意思是，到底是先尊敬哥哥还是先尊敬同乡长者需要"弟弟"个人来判断，这个判断标准没法从外面寻找一个确定的答案，需要自己根据情形灵活判断，所以说"义"生在内。简言之，孟子的逻辑是"义"不仅关乎从道理上"应该"怎么做，还包含着情感的成分，所以不可能是由外生发的。

正因为"仁""义"皆发于内，所以孟子认为不实行仁义是"不为"而非"不能"。这是孟子跟齐宣王讨论如何称王天下时提出来的。孟子说："挟太山以超北海，语人曰：'我不能。'是诚不能也。为长者折枝，语人曰：'我不能。'是不为也，非不能也。"（《孟子·梁惠王上》）让一个人挟泰山跨越北海，是"不能"，让一个人为年长的人折一截树枝，如果不做的话就是"不为"。孟子说齐宣王您称王天下不是"不能"而是"不为"，因为只要推恩于天下，"老吾老，以及人之老；幼吾幼，以及人之幼"，推己及人，则称王天下就如同在手掌中转动东西一样简单。可见，孟子对人性是充满信心的。他的逻辑是：既然人性内在就有行善避恶的力量，那么如果做不到行善避恶，就是"不为"而非"不能"。

"义"到底属于内还是外的论题，不仅仅引起了孟子和告子的争论，后世也存在很多不同意见。董仲舒认为"仁外义内"，韩愈阐释"仁义道德"，认为"义"是行"仁"的准则，即行仁爱而能恰当就是"义"，"义"是行"仁"的分寸和界限，这样"义"基本属于外在的了。宋明理学回归到孟子的路径，认为"义"生于内。总之，在儒家思想中，"义"成为对于个体的最高道德范畴，既是内在的自我要求，也是外在的道义约束。从实践角度说，"义内"或"义外"都不是关键，关键是实践过程中的恰当和适度，能够恰当地体现正义和道义，这对于当代人来说仍然是极为重要的。

（五）"礼门义路"与孟子"礼—义—仁"的观念结构

1."礼门义路"的由来

2020 年 8 月，山东省济宁市济宁大剧院上演了一部音乐剧《礼门义路》，讲北宋靖康之难之后，孟氏后裔举家南迁，坚持不懈传承、传播齐鲁文化的故事。该剧的名称《礼门义路》就出自《孟子》一书。浙江永嘉的芙蓉古村有一清代古宅，门上有一副对联："礼门义路家规矩，智水仁山古画图"。这副对联也挂在山东邹城孟府明堂上，出处无从查考。这里暂且不论修辞之类的学问，仅从内容上看，无论是邹城孟府还是浙江永嘉芙蓉古村的人家，显然都是在家风上要求传承孔孟之道，而在很多时候"礼门义路"实际上成为孟子思想的代名词。

"礼门义路"的观点是孟子在与学生万章讨论问题时提出

山东邹城孟府

来的。有一次万章在问孟子有关士人拜谒诸侯以及国君召见大臣等的礼仪时，提出了一个疑问："孔子，君命召，不俟驾而行。然则孔子非与？"既然奉召有一定的礼仪，那么孔子听说国君召唤他，不等车马驾好自己就急匆匆走了，这样做是不是错了呢？孟子回答说："孔子当仕有官职，而以其官召之也。"（《孟子·万章下》）因为孔子当时是有职务在身的，国君也是按照他的官职召唤他，他不等车马驾好就急忙前去，符合礼制规矩。这里，孟子同样强调在践行礼的过程中，要以义作为权变准则进行判断和选择，灵活行事。

孟子对万章解释说"礼"与"义"的关系："夫义，路也；礼，门也。惟君子能由是路，出入是门也。"（《孟子·万章下》）义行，犹如大路；礼制，犹如大门。只有君子才能行走在义行之路上，出入于礼制之大门。并引用《诗经》中的语句说："周道如底，其直如矢；君子所履，小人所视。"意思是周道（大路）平坦如磨刀石，正直如箭；君子所走的路，百姓也会效仿。这里，孟子的"礼门义路"至少包括两层含义：第一，"义"是行事准则、原则或依据，就是应该做什么、应该怎么做的依据；依据"义"行事，就能自由出入"礼"的大门，也就是能符合礼的制度。"义"在手不违"礼"，这里似乎有点孔子"随心所欲不逾矩"的味道了。第二，所谓"礼门义路"，仍然是针对上层社会，即君子、国君阶层讲的，是希望上层人士实行礼义，从而带领百姓实行仁义。这个聚焦于上层群体的观念是与周礼、孔子一脉相承的，现在来看当然也是有其局限性的。

2. 孟子"礼—义—仁"的观念结构

从概念的发展变化来看，孔子常常是单用"仁""义""礼""信"等概念，概念彼此之间是并列关系，如"上好礼，则民莫敢不敬；上好义，则民莫敢不服；上好信，则民莫敢不用情"（《论语·子路》），而孟子则常常"仁义""礼义"并举，那么这一语言的变化意味着什么呢？这实在是一个大问题，因为"礼义"并用的确是孟子的首创，在《孟子》一书中，有五次并用了"礼义"一词。从词语的构成而言，双音节词在语意上一般会有所侧重，两个字不会是并列关系。孟子"礼义"连用，这至少说明他认为"礼"和"义"是不可分的，而"义"尤为重要。原因在于，就如同我们前面反复说过的，礼不是刻板的教条，很多时候需要我们根据具体情境依据"义"去权衡如何行动。

撇开孟子与万章讨论礼门义路的具体语境，后世在传承"礼门义路"的理念时，"礼"与"义"就是并列的两种道德准则，侧重强调有品格之人要"行义之路""进礼之门"，不要走其他的旁门左道。概而言之，孟子讲"义"讲"礼"又讲"仁"，那么三者是什么关系呢？从上述探讨我们大致可以归纳出孟子的思想逻辑是"义—礼—仁"，"礼"是衣食住行的明确规定；"义"是言行的行为准则，有时候是否遵"礼"如何遵"礼"也要根据"义"来判断；"仁"是最高的道德标准，无论"礼"还是"义"最终的目的是达成"仁"，践行"仁"。嫂嫂快要淹死了，伸手去救，就是出于"仁"，而非刻板纠结于"礼"的规定，仁者爱人，仁者"生生"等等的含义在这"礼""义"权变中体现出来了。

（六）遵礼行义成豪杰之士：行"义"的四大关键词

我们说"义"大致相当于道义，孟子也没有明确将"义"具体化。不过，从他的表述中，我们大致可以概括出几个关键词，除"仁"和"礼"之外，就是"任""清""和""时"。这是孟子之"义"的四个非常重要的关键词。

1."任"

"任"是责任、责任感、责任意识。孟子认为以"任"为"义"

的代表是伊尹。万章问孟子：有人说伊尹是靠当厨子来取得商汤的任用的，是这样吗？孟子说，不是。伊尹推崇尧舜，以尧舜治世为理想。但他生活的时代是个乱世，伊尹就当了隐者。商汤三番五次派人带着聘礼去请他。他都拒绝了。后来，伊尹想，与其当一个隐者向往着尧舜治世的理想，不如去辅佐君王使之成为尧舜，使社会成为如尧舜时期那样理想的社会。这是责任。先觉者有启发百姓觉悟的责任，上天让我伊尹成为先觉者，那我就要承担起这个责任来。于是他去商汤那里任职了。"其自任以天下之重也"（《孟子·万章下》）。伊尹就这样把天下的重任担在了自己肩上。这里，孟子认为伊尹无论归隐还是出仕，都是从"义"出发权衡的结果，"自任天下"，这就是伊尹的"义"，这个"义"就是"任"，责任，担当，因此"伊尹，圣之任者也"，伊尹是圣人中有责任有担当的代表。

2."清"

"清"即清高，独立，坚持自己心中大义，特立独行。孟子认为伯夷是"清"的代表。伯夷的"清"表现在三个方面。一是遵从父命不就王位。伯夷本来是商纣王末期孤竹国国君的长子，遵从父亲传承王位于弟弟叔齐的决定，不就王位而逃走。二是在出走的路上，遇到周武王讨伐商纣王，他就拦住武王进谏批评说：武王您不孝不仁。父死不葬，还大动干戈，是不孝；以臣弑君是不仁。三是周朝建立之后，伯夷和叔齐宁愿饿死也不食周粟，最后饿死在首阳山。孟子认为伯夷是"圣之清者也"，是圣人中"清"的代表，对于后世的影响是"闻伯夷之风者，顽夫廉，懦夫有立志"（《孟子·万章下》），凡是听到伯夷故事的人，哪怕是顽钝没有锋芒不知痛痒的人，也能变得有棱角；懦弱的人，听到伯夷的故事也会立志有勇气果敢起来。

3."和"

"和"即平和，和缓。孟子认为柳下惠是"和"的代表。柳下惠坐怀不乱的故事家喻户晓。孟子这里说柳下惠说的不是坐怀不乱，而是他为政的经历。柳下惠是鲁国人，在鲁国做官，先后被罢免了三次。有人就劝他说，在鲁国这么不顺利，何不到别的国家去任职呢？柳下惠说："直道而事人，焉往而不三黜？枉道而事人，何必去父母之邦？"（《论语·微子》）意思是我只要坚持正直的道路，那么到哪里还不得被多次罢免呢？如果我能改变，枉道事人，那么又哪用得着去别的国家呢？柳下惠的做法是什么呢？就是做事的时候坚守直道不行枉道，你罢免我，我就接受；你再起用我，我也接受。这跟伊尹和伯夷都不同。因此，孟子评价柳下惠"圣之和者也"，认为他是圣人中"和"的代表，对他人的影响是"闻柳下惠之风者，鄙夫宽，薄夫敦"（《孟子·万章下》），听闻柳下惠的行事风格的人，刻薄的人会敦厚，鄙薄的人会变得宽容。

4."时"

除伊尹、伯夷、柳下惠之外，孟子接着说到孔子，认为孔子是"圣之时者"，也就是圣人中最合时宜的，是圣人的集大成者，集中了伊尹的责任感、伯夷的清高自守和柳下惠的平和。圣人的集大成者需要德行，需要智慧。孟子最想成为的也是孔子那样的圣人，"乃所愿，则学孔子也。"（《孟子·公孙丑上》）孟子把孔子当成"义"的理想代表，或者说孔子是孟子心目中义行的最高典范。孟子关于孔子"圣之时者"的评价还包含更深层的含义值得我们深思。在孟子看来，与孔子相比，前三者虽然都是圣人中不同类型的代表，但仍然不完满："伯夷隘，柳下惠不恭。隘与不恭，君子不由也。"（《孟子·公孙

┃ 山东曲阜孔庙的正门圣时门。圣时门是明代孔庙的第一道大门，建于明永乐十三年（1415年），弘治十二年（1499年）扩建，清雍正八年（1730年）世宗皇帝赐名为"圣时门"，语出《孟子·万章下》："孔子，圣之时者也。"

丑上》）伯夷的不足在于有些狭隘，柳下惠的不足在于不讲究，好像没原则一样。无论是狭隘还是不严肃不讲究，君子都不会这么做。这里就出现了一个矛盾：既然两人有这样的不足，怎么还可以称为圣人呢？这就是孟子的独特或伟大之处。他并不认为圣人是完美的，圣人也有不同的类型，只要他们的进退取舍是以始终一贯的"义"为准则，能为后人学习、给他人某一方面积极影响的，就可以称为圣人。这与我们对于圣人的理解不同，也与后世很多儒家士人关于圣人的认识迥异。

孟子提倡义，认为遵礼行义的就是圣人，是豪杰之士，"非礼之礼，非义之义，大人弗为"（《孟子·离娄下》），似是而非的礼，似是而非的义，德行完备的人是不会去做的。实际上，孟子自己也可以被视为一豪杰之士。孟子行事也是以义为准则，哪怕说出的话做出的事有可能开罪君主，只要是符合道义，他也要说要做。读《孟子》一书就会发现，孟子很少顺着君主说话，而是简单直接地"揭底"，比如他会批评齐宣王的一些做法是缘木求鱼，批评梁惠王的一些举措是五十步笑百步，甚至举伊尹曾经关押过太甲、周公曾经摄政成王的例子，说明君若不行君道，是可以被代替的。面对君主把这些真相直白地说出来，是需要勇气的，如果不是胸中有大义、有豪气，很难在君主面前说出这番话。

 知识链接 ··

孔子、孟子退而育人、著书的人生选择，为古代中国文人提供了一条重要的人生路径。只不过后来官场失意的文人大多会在诗文中透露出消极、无奈的情绪，形成中国贬谪文学的独特风格。这种风格到北宋时期得到暂时改变。在欧阳修、苏轼等人被贬谪之后的诗文中看不到自怜自伤，反而是勇毅和达观的。比如欧阳修在乘船去往夷陵的路上写过一首诗《黄溪夜泊》："楚人自古登临恨，暂到愁肠已九回。万树苍烟三峡暗，满川明月一猿哀。非乡况复惊残岁，慰客偏宜把酒杯。行见江山且吟咏，不因迁谪岂能来。"欧阳修非常清楚前代被贬谪人的心境与文学传统，而他自己则在三峡哀戚的猿鸣中，饮酒提振精神，边赏江山胜景边吟咏，感慨"不因迁谪岂能来"，这简直是把被贬谪的前路茫茫和人生茫茫当成了探险。此种心态对后辈影响颇大，比如苏轼在五十多年以后也写道："九死南荒吾不恨，兹游奇绝冠平生。"（《六月二十日夜渡海》）

四、荀子释礼于"法"

在齐鲁先贤中，荀子是继孔子、孟子之后的儒家巨擘，有"后圣"之称。《史记·孟子荀卿列传》评价其为稷下"最为老师"，意思是说荀子不仅是诸子百家的集大成者，而且更有超越诸子百家之思想。司马迁的评价实在中肯。仅从礼乐文明的守正创新方面来说，荀子就既承继了儒家尊崇礼乐的传统，又将"法"提到突出地位，"隆礼重法"，礼法并举，其思想成为后世治国的重要思想资源。

（一）"隆礼"以教化民众

荀子认为礼乐是约束人的欲望、感善人心、和谐社会的重要力量，因而是治理国家的重要抓手。他认为人天生具有喜怒哀乐的情感需要释放，而且也有眼耳鼻舌身的各种需求。无论是情感需求还是生理欲望的需求都需要满足，但是人的欲望一旦失度就必然造成混乱。而礼乐恰能适度满足人的欲望，使欲望不至于被压抑也不至于泛滥失度，从而维护国家安宁与社会和谐。

1. 礼可以制约人的欲望

荀子重"礼"。这好像没什么特别的，毕竟孔子、孟子也重视礼。但是荀子重视礼到什么程度呢？重视到《荀子》三十二篇，有三十篇论及"礼"，只有《仲尼》和《宥坐》两篇没有出现"礼"字，但郭沫若认为这两篇是荀子弟子编纂，非荀子所作。据统计，《荀子》全书，"礼"字一共出现了375次，其中出现次数最多的是《大略》篇，共计57次；其次是《礼论》篇45次；再次为《性恶》篇43次；《君道》《王霸》两篇分别为26次和24次；《王制》《富国》《修身》三篇均为23次；《劝学》12次；其他各篇则为10次以下。[①]"礼"字在《荀

---

① 郭沫若：《十批判书》，华东师范大学出版社2024年版，第177—178页。

子》中出现的频率之高，在其他先秦经典中是没有的。而从内容上看，《礼论》篇更是系统阐述其礼学思想的完整文章，从礼的起源、特质、根本、仪式、规定、意义等各个方面对礼进行了全方位解读。可以说，荀子在孔子和孟子之后，对礼进行了最为详尽的阐释。从思想渊源上看，荀子对于礼的重视是与周礼、孔子、孟子一脉相承的，但是荀子对于礼的重要性的认识却有独特的理解。这从他关于礼之起源的解释可见一斑。

荀子认为，礼的起源在于人有欲望，礼就是为制约人的欲望而存在的："礼起于何也？曰：人生而有欲，欲而不得，则不能无求，求而无度量分界，则不能不争。争则乱，乱则穷。先王恶其乱也，故制礼义以分之，以养人之欲，给人之求。使欲必不穷乎物，物必不屈于欲，两者相持而长，是礼之所起也。"（《荀子·礼论》）人生来就是有欲望的，欲望得不到满足，就不可能没有索求，所求若没有尺度限制，就不可能不争夺。一旦有争夺就会产生混乱，一旦混乱就必然穷困。古代圣王讨厌社会混乱，因此制定了礼义来区分（人的身份和应得的利益），以此来满足人的欲望和要求。这样就可以使人们的欲望不会因为财物不足而得不到满足，财物也不会因为人们的欲望太大而被用尽。财物和欲望两者相互制约而长久保持协调。这就是礼的起源。很显然，荀子关于礼的起源的阐释是着眼于人性本身、具有现实合理性的，他看到了人性之不可忽视以及礼在制约人的欲望与社会和谐之间的重要作用。对于人的需求，是疏导还是忽略，是约束还是彻底满足，若疏导那么如何疏导，若约束那么如何约束，这在当下仍然是一系列需要思考的问题。

2. 礼需要"学""思""行"

礼是为制约人的欲望而存在的，那么礼如何能够制约人的欲望呢？荀子认为，人们可以通过学习礼义来提高自身修养，从而约束各自欲望，各守本分。这里的学习又包括三个方面，即"学习""思考""践行"。

首先是学习，就是学习各种礼仪规矩。荀子认为，礼是"法之大分""类之纲纪"，只有通过学习，才能弄清楚各种礼义知识。这里又涉及荀子对礼的认识，也就是荀子之礼的内容和旨归。荀子认为，礼的主要内容和旨归是给人定等差，以便达到"贵贱有序，长幼有差，贫富轻重皆有称"（《荀子·礼论》）的目的。因此只有通过学习，人才能明白各种礼义规矩，实际上就是明白自己的角色和权益、责任边界。其次还要思考。若要精通礼义，仅学习理论是不够的，还要思考，就是要对各种礼义规则进行思考，融会贯通，做到心领神会，即"思索以通之"。最后就是要身体力行。学习和思考礼的最终目的是要将礼运用到生活实践中去。荀子明确指出，对于礼，"不闻不若闻之，闻之不若见之，见之不若知之，知之不若行之"（《荀子·儒效》）。听说过礼比没有听说过好，见过比听过好，知道比见过好，身体力行比仅仅知道好。荀子还认为，践礼要因人而异，也就是说不同的人对礼的实践要求和表现是不同的，因而《荀子》一书中才有《君道》《臣道》《致士》

《君子》《儒效》等篇章，就是分别讲述不同的人应当怎样"隆礼""从礼"和"法礼"。

3. 乐可以感动人心引导民众

荀子重视礼，当然也重视乐。在古代，礼乐一体，乐是礼的一部分。因而先秦先贤们虽侧重说礼，但其中也包含了关于乐的思想。只是与其他先贤不同的是，荀子单独论述了乐，《乐论》单独成篇，成为后世论述音乐绕不过的篇目。只不过荀子论乐，其最终目的与我们现在重点强调音乐怡情悦性的功用不同，我们认为音乐是怡情悦性放松身心的艺术形式，而荀子的落脚点则仍在于音乐能"移风易俗"的教化力量。如同讲礼的起源一样，荀子认为音乐也起源于人性。欢乐、快乐是人的本然需求之一，必须满足，所以必须有音乐。荀子因此反对墨子的"非乐"。但荀子接着说快乐不能没有引导和约束："故人不能无乐，乐则不能无形，形而不为道，则不能无乱。"（《荀子·乐论》）意思是说人不能没有快乐，有快乐就不能没有表现，这种快乐的表现若是没有引导，就会产生混乱。那么如何才能导致不混乱呢？"先王恶其乱也，故制《雅》《颂》之声以道之，使其声足以乐而不流，使其文足以辨而不諰，使其曲直繁省廉肉节奏，足以感动人之善心，使夫邪污之气无由得接焉。"先王厌恶由缺乏引导的快乐所引起的混乱，所以制作了《雅》《颂》之类的音乐来引导民众，使乐声能够表达快乐而不过度，使乐章能够辨析清楚乐曲的含义而不邪僻，使音乐的曲

┃ 荀子画像

直、繁简、清浊、节奏能感动人们的善心，使那些奸邪污浊之气没有办法接触、影响人。

很显然，荀子强调"快乐"的重要性，更强调"音乐"引导快乐的重要性，那就是要满足对于快乐、娱乐的需求同时又不至于过度，避免引起其他的混乱。所以荀子对于"乐"的认识，仍然立足于音乐引导、约束欲望提升民众修养的功用。荀子认为音乐之所以可以感染人心，是因为音乐"入人也深""化人也速"，可以"善民心"，进而"移风易俗"。可以说，荀子关于音乐教化作用的认识与先秦时期的相关思想一脉相承，也是关于音乐社会作用的根本认识。有一句话说热爱音乐的人不至于太坏。从音乐能感动人心、和谐社会的功用角度说，这说法具有一定的合理性。而荀子关于音乐的思考对于我们现在最大的启示意义还在于，他认识到人对于快乐的天然需求，而且强调这种需求不能被压抑，而是要释放，要引导。但是在当前快节奏的生活方式下，人们要么压制了自己对放松和快乐的需求，要么追求浅层次的即时之乐，其负面效应也显而易见。从这一角度说，荀子关于音乐的认识值得我们认真思考。

荀子强调学习、思考、践行礼义，并用音乐引导人适度快乐以达到制约人的欲望的目的，实际上强调的就是礼乐教化的作用，也是对中华礼乐教化传统的继承。诚如本书第一章所论述的，"礼乐教化"是中国古代政治、文化、教育制度的基本理念，体现于传统文化的各个部分。荀子的教化观隶属儒家礼乐教化一脉，他虽然认为人性本恶，但并不否定人的向善倾向，也不否认人对快乐的追求。因而他强调"积"与"学"，强调引导，认为任何人都能够通过对礼义的学习使自己成为"禹"，强调可以通过音乐引导而使人获得适度的快乐，所以国家需要重视礼乐教化，重视对人的人格培养，期待以礼乐教化实现对人性的改塑与人情的疏导，以实现身心和谐的个体人文化、群居和一的社会秩序化。这不仅是先秦时期思想领域的一大贡献，而且对于当代仍然具有重要的启示意义。

（二）"隆礼重法"宁邦安国

荀子重礼乐教化民众的最终旨归在于宁邦安国。但是因为荀子所处历史时期天下混乱的现实情况，以及荀子关于人性恶的认识，荀子认为仅有礼是不够的，还需要法的参与才能真正达到宁邦安国的目的，只不过在"隆礼重法"的同时要"明德慎罚"，以礼为先。

1.“礼”与“法”为治国准绳

荀子重礼，认为礼是治国理政的重要准绳，指出“国无礼则不正”(《荀子·王霸》)，国家没有礼就不能得到治理；又说：“人无礼则不生，事无礼则不成，国家无礼则不宁。”(《荀子·修身》)很显然，荀子之所以重视“礼”，是因为礼具有安顿人生、成就事业、宁邦安国的功用。为什么离开礼国家就会混乱呢？荀子解释说：“礼之所以正国也，譬之，犹衡之于轻重也，犹绳墨之于曲直也，犹规矩之于方圆也，既错之而人莫之能诬也。”(《荀子·王霸》)礼之所以能治理国家，就好比秤是衡量轻重的标准、木工的墨线是衡量木材曲直的准绳、规矩能够判断方圆一样。治理国家的礼法标准一旦确定，任何人就都不可能进行欺骗了。由这些论述可以见出，荀子把礼作为治理国家和社会的准则，凡是礼规定和设置的，都要无条件遵守，否则就会导致一系列混乱。

荀子关于礼宁邦安国作用的认识，与周礼定国安邦、维护社会秩序的思想相一致，与孔子、孟子的礼乐思想一脉相承。但荀子重礼也重法，“隆礼重法”基本已成为荀子思想主旨的代称。在荀子思想中，“法”代表了“礼”的规范化、制度化面向，“礼”则代表了“法”的精神化、内涵化道义面向。二者并称，高度地强调了荀子“政”与“道”合一的思想观念。“礼法”并称是荀子思想的一个重要特点，也是先秦时期齐鲁先贤对礼乐文明的一大思想创新。

在中国的传统文化中，"法"的观念很早就出现，相应的思想一般用"刑罚"等词语来体现，比如《论语·子路》中说："礼乐不兴，则刑罚不中；刑罚不中，则民无所措手足"。孔子认为礼乐不复兴，刑罚就不会得当；刑罚不恰当，老百姓就不知道应该如何行事、活动。这里面的"礼乐"既是处事的道德规范，又是一种法治观念；"刑罚"既是惩罚，又是古代法的统称。礼是积极的规矩，它主动地提出要求，对人们的言行作出指导和教育，明确地要求人们应该做什么、不应该做什么、可以做什么、不可以做什么；刑是消极的惩罚，是对违背礼的行为的处罚。

战国时天下大乱、社会失序，原因是多方面的，但对于重视社会等级秩序的儒家来说，"礼崩乐坏"是导致问题发生的最主要根源。于是，儒家在试图解决问题、重建社会秩序时，也仍旧以长久以来遵循的礼仪传统为基础。这明显区别于其他学派的思路。比如道家将问题的产生归咎于社会的进步和发展所引发的人对于自然之道的背离，所以道家的思路是复归自然之序；墨家认为造成混乱的一大原因在于贵族对资源的浪费等所造成的物资匮乏，所以其思路是废弃对生存没有现实益处的一切制度；法家则认为必须依靠客观理性的法度和规则建立有效的治理系统，才能完成社会秩序的重建。道家、墨家和法家的共同点就是拒斥儒家所拥护的"礼"。儒家则坚定地认为："周代传承下来的仪式、象征及其规定的一整套等级制度是不言自明的秩序的基础"①。在此前提下，孟子和荀子的进路是不同的：孟子从性善论来论证秩序的建立；荀子则从性恶论开出更为符合战国末期社会现实的重建秩序的路径，既重申了礼的价值，也提出了礼需要"法"来支撑的新阐释。

整体上看，荀子是综合了儒、法两家的理念，提出"隆礼重法"、礼法并用的思想主张。在荀子看来，虽然礼是治国安邦的准则，是人人必须遵守的，但是，人性本恶，仅有礼的规定还不足以保障社会的进步与发展，所以需要"法"这样一种成文的制度的支撑。在治国安邦过程中，礼和法都是维护社会秩序必不可少的，因而在"隆礼"的同时也要"重法"，二者不可偏废。

荀子明确提出"治之经，礼与刑"（《荀子·成相》）的观点，指出："古者圣人以人之性恶，以为偏险而不正，悖乱而不治，故为之立君上之势以临之，明礼义以化之，起法正以治之，重刑罚以禁之，使天下皆出于治，合于善也。"（《荀子·性恶》）意思是说，治国的根本是礼义和刑罚。古代的圣人认识到人性是恶的，认为邪僻奸滑而不端正、背离正道、混乱而不安定是不好的，所以建立君主的权势来统治，倡明礼义来教化，建立法制来治理，加重刑罚来禁止，使得天下都安定有序、合于善道。荀子这里明确提出了兼用礼乐教化、法制管理、刑罚惩处

---

① 葛兆光：《中国思想史》（第一卷），复旦大学出版社 2013 年版，第146 页。

共同建构安定向善的社会的综合治理思想。重视礼制是儒家的一贯思想，荀子在礼之外明确提出要重"法"，这是随社会环境之变化进行自我调节的结果。荀子吸收了法家的某些关于增强国力的理念，且在其政治主张的表现形式上有类似法家的因素。但其礼的精神内核却为"法"划定了界限，决定了荀子必不会，也不可能将法的权力无限扩大。正如萧公权所说："荀子之政治思想以法为末，以人为本。故接近申商者其皮毛，而符合孔孟者其精髓也。"①

2."明德慎罚"

正因为荀子不是像法家那样，将"法"作为最高准则和最终目的，所以他提出要"明德慎罚"；"明德慎罚，国家既治，四海平"（《荀子·成相》），就是说若在德政体系之内适当地运用刑罚，以德为主、以刑为辅，以仁为本、以刑为用，那么就可以国家安定，四海之内都太平。这一观点奠基于荀子的两个认识：

一是荀子关于人性的认识。诚如前述，荀子认为礼是在个人的欲望不可能完全满足的情况下，圣王为了调节人们的欲望、避免争乱而制定的。荀子从不否定人的欲望的现实性和合理性，认为这是人性纯然所有的东西，是不能回避的。关于这一点他多次论述：

① 萧公权：《中国政治思想史》（上册），商务印书馆 2010 年版，第 119 页。

夫人之情，目欲綦色，耳欲綦声，口欲綦味，鼻欲綦臭，心欲綦佚。此五綦者，人情之所必不免也。(《荀子·王霸》)

目好色，耳好声，口好味，心好利，骨体肤理好愉佚，是皆生于人之情性者也，感而自然，不待事而后生之者也。(《荀子·性恶》)

以所欲为可得而求之，情之所必不免也。以为可而道之，知所必出也。故虽为守门，欲不可去；虽为天子，欲不可尽。(《荀子·正名》)

眼睛喜欢最美的色彩，耳朵喜欢最好的声音，嘴巴喜欢最好的美味，鼻子喜欢最好的气味，内心喜欢最大的安逸，这都是天然之人性，而非人为而产生的。顺应天性就必然产生欲望。人不可避免地认为自己的欲望可以得到，所以就会去求取，而人的智慧也必然因为认为欲望可以得到而要求有所行动。因而即便是守门的人，欲望也不可能去掉；虽然贵为天子，欲望也不可能完全满足。

但是，人的欲望的增多并不代表社会必然混乱，欲望的减少也不代表社会必然和谐，关键在于如何平衡欲望与所能得到的东西之间的关系。尽管人对于物质占有的欲望是无穷的，但显然不能无限放纵这种欲望，否则不符合群体生活的要求；也不能要求人们杜绝其欲望，这既违背人的本性，又不利于社会的发展。所以圣王才"制礼义以分之，以养人之欲，给人之求"

（《荀子·礼论》），即划分等级，让人们按照等级获取物资，使人们的欲望和物资的供给能够相互制约而保持长久的协调和平衡，这样就可以一方面部分地满足了人们的欲望，另一方面又能保证物资不会因为无限制的索取而被使用殆尽。这就是圣王制礼的原因。

荀子提出应礼法并举、明德慎罚观点的第二个认识基础是他关于政治、权力的认识。在荀子看来政治是一个综合体，它一方面在形式上表现为权力的聚合体，另一方面又必须承载"道义"的精神内涵。他认为单纯的权力系统若失去内在的"道义"内涵与目的是无法维持的："国者，天下之利势也；人主者，天下之利势也。得道以持之则大安也，大荣也，积美之源也；不得道以持之，则大危也，大累也，有之不如无之"（《荀子·王霸》）。意思是说，国家政权是天下最有力的工具，君主地位是天下最有权势的地位。用正确的治国方针去掌握国家政权和君主权势，就最安定、最繁荣，是产生美好业绩和声誉的源泉；若是不用正确的治国方针去掌握国家政权和君主权势，就是最大的危险、最大的祸害，如果是这样那么有这国家政权和权势还不如没有。这里荀子所强调的，是政权必须与"道义"相结合，与孟子所强调的"义"一脉相承，也正是出于对政权之道义内涵的认识，荀子才提出要礼法并举、明德慎罚。

综观荀子礼法并举、明德慎罚的思想，会发现其至少具有三个方面的意义。第一，在以礼制为核心的基础上明确提出要"重法"，这是荀子面对当时复杂社会情势而提出的治理策略，是荀子作为一个思想者密切关注现实、积极回应社会问题的理论创新。荀子突出的问题意识、关注现实、解决现实问题的思想动机以及积极进行思想创新的精神，对于当代具有积极的激励价值。第二，荀子礼法并举的理论创新极大影响了中国思想的发展。"儒法互用，以儒为主"的思想在周礼、孔子那里皆有所体现，但在荀子这里鲜明起来，随之成为中国传统思想的突出特征之一。自秦汉以后，法律体例的相关建设和实施，始终未曾彻底放弃道德、人情的部分，追求达到"合情合理"的境界，形成"援礼入法，融法于俗"的礼法传统[①]。第三，我们要重视荀子礼法并举思想中的"道义"精神。在荀子看来，国家权力和权势必须"得道"而行，而"得道"的具体实现方式就是"得民"，或者说，要以"道义"精神教化民众。荀子的这一思想对于我们当下仍然具有重要的启示意义。

🔗 **知识链接**

《论语·八佾》中记载孔子关于君子之争的看法："君子无所争。必也射乎！揖让而升，下而饮。其争也君子。"苏轼和王安石做到了孔子所说的"君子之争"。1084年，苏轼被贬谪黄州四年之后，奉旨调任河南汝州，途中到江宁去见王安石。彼时，苏轼因"乌台诗案"旧友多有被牵连，为避嫌不会轻易见人，而王安石以旧宰辅身份蛰居山林，为避嫌也不愿与朝堂

---

① 李泽厚：《论语今读》，安徽文艺出版社1998年版，第290页。

中人往来。而且，苏轼和王安石因为"变法"政见不合，曾经还是对手。但这两个人竟然都以特殊身份在特殊境遇下相见了。如此不可思议的会晤可以发生，原因自然是多方面的：除彼此欣赏对方的才情之外，最重要的恐怕是皆深谙对方的君子品性，其中就包括关于君子之争深刻内涵的体认。

（三）"节用裕民"富国富民

荀子无论是在论述礼之起源还是在论述"明德慎罚"时，出发点都是人性，社会的"治"或者"乱"取决于人的需求的满足程度。若能合理满足人的欲望则社会就会安定和谐。因而荀子非常重视富民，提出了节用裕民的富民之法。"节用裕民"出自《国语·周语》："富国之道，节用裕民"，荀子在《荀子·富国》篇中的说法是："足国之道，节用裕民而善臧其余"，两者讲的都是富国富民的道理。富民也好，足国也罢，都是"节用"的结果，只是荀子对节用富民的论述更为详尽。

1. 富国须先富民

富国须先富民，这一主张的思想基础是民本思想。民本思想在中国文化中渊源有自，《尚书·五子之歌》中即有"民为邦本"之说。先秦儒家继承发扬了古老的民本思想，管仲、孔子和孟子等都有所论述。荀子也坚持民本思想，他认为，天下百姓不是为君而生，相反君主却是为民而立："天之生民，非为君也；天之立君，以为民也"（《荀子·大略》），上天育民不是为了君主；但是上天立君主却是为了让他为百姓做事。"为民"即以人民为国家社会的价值主体。这比孟子的"民为贵，社稷次之，君为轻"更加强调民众的重要性，将民众视作政权稳固的关键因素："君者，舟也；庶人者，水也；水则载舟，水则覆舟。"（《荀子·王制》）民众既能支撑政权也能颠覆统治，而他们愿意支持政权的前提是过上富足的生活。民众富足与国家富裕是辩证统一的关系："下贫则上贫；下富则上富"（《荀子·富国》）。民富才能国富，若民众皆贫，国富从何而来？只有依靠人民才能实现"上下俱富"的目标："用国者，得百姓之力者富。"（《荀子·王霸》）治国者，得到百姓效力才能富足。当然，人民既是社会财富的创造者，也应当是社会财富的享有者。很显然，荀子强调"上下俱富"，其中所蕴含的全体社会成员共享财富的思想，是非常值得肯定的，也正契合了当代共同富裕的价值目标。

既然框定了富民、"上下俱富"的目标，那么如何实现这一目标呢？荀子多方论证了"上下俱富"的实现路径。具体说来，一是要节约用度。"足国之道，节用裕民而善臧其余。节用以礼，裕民以政。"（《荀子·富国》）富国之道，在于节约用度，使人民富裕，将剩余的钱财粮物好好储存。节约用度要依据礼仪规矩，使人民富裕则需要依靠政治上的各种措施。进而荀子指出："故明主必谨养其和，节其流，开其源，而时斟酌焉，潢然使天下必有余而上不忧不足。"(《荀子·富国》)就是说英明的君主必须勤谨养护人民使社会和谐，要开源节流，同时要时刻斟酌分配是否合适，如此则天下必然富足而君主不用担忧物质不足而带来不安定的隐患。很显然，荀子提倡节用，但并非否定人的欲望，他了解人性，认为"欲不待可得，所受乎天也"(《荀子·正名》)。既然欲望来自先天本性，就该得到满足，但是对人的欲望进行制约也是应该的，因为"欲多而物寡"(《荀子·富国》)，所以才要"节用以礼"，即按照制度法令行事，避免奢靡和浪费。

二是要出台富民政策。处于农业社会时代，荀子将发展农业视为富国的正道，主张减轻对农业的税收，免除集市的赋税，少征劳役，春耕、夏耘、秋收、冬藏，不违农时："田野什一，关市几而不征，山林泽梁以时禁发而不税。相地而衰征"(《荀子·王制》)。意思为对农田征收十分之一的税，关卡和市场只监察而不征税，山林湖泊按时关闭、开放而不征税。视土地的肥瘠分别征税。"轻田野之税，平关市之征，省商贾之数，罕兴力役，无夺农时，如是，则国富矣。"(《荀子·富国》)意思为减轻田地的税赋，免除关卡集市的税收，减少商人的数量，少兴徭役，不侵占农时，这样国家就富足了。

通过这些发展农业的政策举措达成富国富民的目标，而农业发展又会进一步促进国富民富，形成良性循环："裕民则民富，民富则田肥以易，田肥以易则出实百倍。上以法取焉，而下以礼节用之。余若丘山，不时焚烧，无所臧之。"(《荀子·富国》）采取裕民的政策民众就能富裕，民众富裕了，那么农田就会多施肥并且得到精心耕作；农田被多施肥并且得到精心耕作，那么生产出来的谷物就会增长上百倍。国君按照法律规定向他们收税，而臣民按照礼制规定节约地使用物资。这样，余粮就会堆积如山，即使时常被烧掉，也还是多得没有地方贮藏。按照荀子的思路，只要贯彻节约费用、使民众富裕的方针，君主就会享有仁爱、正义、圣明、善良的名声，而且还会拥有丰富得像山陵一样的积蓄。应该说，虽然"无所藏之"只是荀子的一个美好愿望，但是通过减轻人民负担、发展农业生产，从而使人民过上富裕生活的目标则是可以实现的。

2. 富国还须养民

荀子不仅多次强调要富国富民，而且还多次论及养民的重要性。那么富民和养民有什么不同呢？荀子曾经说："刍豢稻粱，五味调香，所以养口也；椒兰芬苾，所以养鼻也；雕琢刻镂，黼黻文章，所以养目也；钟鼓管磬，琴瑟竽笙，所以养耳也；疏房檖貌，越席床笫几筵，所以养体也。"（《荀子·礼论》）可以看到，荀子的"养民"还是从满足人的眼耳鼻舌身的需求开始的，仍然认为要满足人的欲望和需求。若要满足人的欲望，首先必须具备充裕的物质条件。他在《荀子·王霸》篇中这样说："养五綦者有具，无其具，则五綦者不可得而致也。万乘之国可谓广大富厚矣，加有治辨强固之道焉；

若是则恬愉无患难矣，然后养五綦之具具也。"意思是满足人们眼、耳、口、鼻、心的五种欲望是需要条件的。没有条件就不可能满足这五种欲望。万乘之国可称得上是广大而富足了，再加上有把国家治理得富强稳固的方法，如果是这样的话就可以安然愉悦没有患难了，然后满足这五种欲望的条件也就具备了。

那么，国富民足是不是就可以达到荀子"养民"的要求了呢？当然不是。荀子认为，养民不是无限制地满足人的各种欲望，而是要按照礼义规矩合理分配资源，通过对衣食器具等财物分配的调整，供养人们的日常生活，满足人们合理的欲望和需求。这就是君主、管理者的责任了。关于这一点，荀子也屡有强调。比如在《荀子·王制》篇，他说君主的责任是"养百姓而安乐之"。在《荀子·君道》篇又说："君者，何也？曰：能群也。能群也者何也？曰：善生养人者也。"荀子的意思是要养民，但不能无限度地迎合，这个观点应该说是很厉害的，在当下仍然具有启示意义。当然，荀子这个意义上的"养民"已经包含着"教民"的意思，也就是说荀子的"养民"既包含着物质方面的"养"也包含着精神方面的"养"，即以礼教化。总之，儒家以富民养民教民为要务，荀子也继承了这一基本思想，体现在君民关系上，则意味着人君应当以保障人民生存为基本任务。荀子认为如果人君能够妥善完成养民富民的重任，以财物粟米养民而使民情和顺，以礼义法度教民而使民性合理，就等于获得了政治权力的合法性，能够为王道政治提供经济上和民心上的基础，可谓"王事具矣"。

（四）"尚贤使能"选拔人才

荀子将"隆礼重法"的思想贯彻到国家治理的各个方面，在人才选拔和任用方面也是如此。他承继先秦以来"尚贤使能"的思想，但在"贤"与"能"的标准上贯彻了他的礼法思想。

1. 高度重视人才

荀子非常重视人才，比如他明确提出"隆礼尊贤而王"的观点，就是说只要重视礼义尊重人才就可以称王了。将"贤"与"礼"并置，这实在是将人才置于一个至高的位置。荀子认为，治理国家的最好方式就是君臣分工、各司其职。君主的职责在于"论一相，陈一法，明一旨"（《荀子·王霸》)，即选择贤相治理国事，颁布合理的治国政策，明确治国要旨，而具体的行政事项都交由贤相和官吏去执行。由此可见，选贤任能对于国家治理是十分重要的，甚至可能影响到国家的生死存亡。他举例说：周成王能成就王业，离不开周公的辅佐；齐桓公能成为霸主，离不开对管仲的任用；吴王夫差拒绝接受伍子胥的劝谏，最终使国家亡于越国之手。荀子最终总结说，上述四者就是"尊贤者王，贵贤者霸，敬贤者存，慢贤者亡。"（《荀子·君子》）

那么荀子为什么这样重视人才呢？这与其"人定胜天"的

天人关系思想有关。在《荀子·天论》篇中，荀子论述了一系列有关天人关系的问题，其中指出，"治乱非天""治乱非时""治乱非地"，"受时与治世同，而殃祸与治世异，不可以怨天，其道然也"，也就是说人类社会的发展与变化是与"天"无关的，决定社会治乱、国家命运的是"人"而不是"天"。荀子充分肯定了人的主观能动性，提出人要"制天命而用之"，就是要掌握自然规律的变化并加以运用；又说"天地官而万物役"，天地可以被运用而万物可以被役使，这里仍然是强调人可以掌握自然规律并加以运用。在中国的思想史上，荀子第一次提出了人定胜天的思想。人类要靠自己的努力来治理国家，不可寄希望于上天的恩赐，"错人而思天，则失万物之情"，舍弃人的努力而指望上天，那么就违反了万物的本性；君子"敬其在己者而不慕其在天者，是以日进也"，慎重对待取决于自己的事情而不羡慕取决于上天的事情，这样才能"日进"。因此，基于唯物主义认识论，荀子尤为重视人才的培养与选拔。

2. 培养、选拔人才的标准

一是不问出身门第任人唯贤。不拘一格选拔人才，这是荀子在人才培养与选拔方面对执政者提出的要求。他认为取士的首要条件是"越逾好士"（《荀子·尧问》），就是在上者要不怕降低身份去礼贤下士，换言之即招揽人才要超越等级界限。只要具备人才的界定标准，无论出身贵贱高低，都应该给予相应的重视，地位高的人不能因为怕降低自己身份而忽视出身贫贱的人才。刘备"三顾茅庐"可以说是荀子"越逾好士"理念的典型践行案例。荀子提出要不问门第出身"不拘一格"选拔人才，这是非常具有创新性和勇气的，因为先秦时期普遍施行的是"世卿世禄"制度，因此荀子是较早提出打破传统用人制度的中国古代思想家。

荀子不认为出身门第是选拔人才的参考，因为他认为一个人的身份是可以通过努力而改变的，每个人都有机会通过个人努力获得品德和能力的提升，从而改变自己的身份等级。也就是说，尽管这个社会有它原本确定的等级之分，但对每一个个体来说，他们依然有自由上进的机会："虽王公士大夫之子孙也，不能属于礼义，则归之庶人。虽庶人之子孙也，积文学，正身行，能属于礼义，则归之卿相士大夫。"（《荀子·王制》）即使王公士大夫的子孙如果不能遵守礼义，也要归入平民百姓，庶人的子孙积累了知识，行为端正，能遵守礼义，就可以归入卿相士大夫。这一观点颇为振聋发聩，提出这一观点也需要莫大的勇气。要知道在古代，一个人要改变身份层次是多么艰难的事。荀子从理论上突破了长久以来的世卿世禄制度，为即将到来的新的中央集权制度和官僚体制提供合法性。

二是道德为先，量能授官。这是荀子"礼""法"并举思想在人才选拔方面的具体运用。他首先将礼放在选拔人才的首位，"取人之道，参之以礼"（《荀子·君道》），选择人的原则，是用礼来检验，因此他重视人才的道德操守，认为道德是人才的基础："权利不能倾也，群众不能移也，天下不能荡也。

生由乎是，死由乎是，夫是之谓德操。德操然后能定，能定然后能应。能定能应，夫是之谓成人。"（《荀子·劝学》）这里的道德操守具体是人才不屈服于权势利禄，不因人多势众、天下万物而动摇心志。生死都由道德操守而定。有道德操守就能笃定，笃定就可以应对变化。既笃定又能应对变化，那就是人才了。由重道德出发，荀子进而提出要"论德而定次，量能而授官"（《荀子·君道》），即根据品德的高低选拔人才，根据人的能力大小而授予适当官职。荀子具体论述了不同官职对能力的要求，即量才用人的标准："上贤使之为三公，次贤使之为诸侯，下贤使之为士大夫，是所以显设之也。"（《荀子·君道》）也就是说，不同德才的人要委以不同的重任，使他们各司其职，各得其所。由此可见，荀子不求遍能遍知之人才，而需专攻之人才，即能够人尽其才，人尽其用，扬长避短。

荀子认为，人才最重要的两个品质是"仁"与"知"。《荀子·子道》中说："故君子知之曰知之，不知曰不知，言之要也；能之曰能之，不能曰不能，行之至也。言要则知，行至则仁。既知且仁，夫恶有不足矣哉？"从这句话可以看出荀子对人才的界定主要在"仁"和"知"两个方面，一个人既有才智又有仁德，哪里还有什么不足之处呢。"仁"即品德，荀子认为良好的个人品德和品行是判断一个人才最基本的标准。而"知"即才智，是解决问题和完成任务的能力。"知而不仁，不可；仁而不知，不可；既知且仁，是人主之宝也，而王霸之佐也。"也就是说，荀子认为一个人才既要有良好的个人修为，也要有优秀的个人能力，二者缺一不可。

荀子反复申明要按照个人品德和实际才能来确定等级和分配职位。比如在《荀子·王制》篇中，他说："贤能不待次而举，罢不能不待须而废"（《荀子·王制》），对于品德高尚且有才能的人，要不局限于身份级别破格录用；对于无德无能的人，要立刻罢免。总之就是用人不分高低贵贱，不局限于出身背景，任人唯贤；而对于那些无功无德之人的罢免要当机立断；又说"王者之论，无德不贵，无能不官，无功不赏，无罪不罚。"也就是说，一个人若是没有美德，就不能使之富贵；若是没有才能，不能让他做官；若是没有功劳，就不能给予奖赏；若是没有罪过，就不能给予惩罚。很显然，荀子认为对于人才的衡量要具体考察其德、能、功、过，但仍是德、能为先。这是中华文化关于人才标准的主流认识，我们当下仍然坚持着这一传统。

三是识别贤能与奸邪。荀子重视人才，但细读其论述会发现，很多时候他都是在对执政者提要求，这里的识别贤能与奸邪就是要求执政者要了解人才，不可因为失察而埋没人才、打击贤能的积极性，也不能因为奸邪而误国误民。在《荀子·成相》篇中，荀子提出若"远贤近谗"，则势必"忠臣蔽塞主势移"，若是疏远贤能亲近谗人，那么忠臣蔽塞没有出路，君主的权势就要被夺走了，因此执政者必须能"宗其贤良，辨其殃孽"，也就是认清贤能与奸邪。执政者必须"重义轻利""泛利兼爱"，要"尚贤推德"，绝对不能任用小人来"争宠嫉贤""妒功毁贤",只有这样,才能"顺以达",才能"国家既治,四海平"。《荀子·致士》篇中,荀子也强调了"重明退奸"的思想,他认为执政者要"衡听、显幽、重明、退奸",就是在人才管理方面要广泛地听取意见,发掘隐匿的人才,表彰贤明的人,斥退奸邪的人。很显然,荀子在人才培养与选拔方面,不仅反复强调人才的巨大作用,向人才本身提出要求,也从用人一方提出要为人才营造良好氛围的要求。这对于我们当下的工作仍然具有重要启示意义。

识别贤能与奸邪,就必然涉及对人才成就的考察。荀子因而提出了"校之以功"的建议,就是以人才的成绩来进行考核。在《荀子·君道》篇中荀子再次强调了要以礼来"取人",所谓"取人之道,参之以礼"之后,进而明确指出要按照人才在具体实践中的成就来考核人才,所谓"知虑取舍,稽之以成;日月积久,校之以功",认为人才的智慧思虑和判断取舍能力,要用成果来考查;人才日积月累的工作,要用功效来考核。这也就是根据人才实际工作成果来评判人才是否符合要求。不仅重视人才,而且明确提出要在实践中去考核人才,这是荀子思想突出实践性的又一表现。

从思想渊源上说,"尚贤使能"的思想并非荀子首创,孔子提倡的用人原则是要举荐贤德有才能的人进入政治治理体系中去,所以他曾回应仲弓,说为政应当"先有司,赦小过,举贤才"(《论语·子路》);墨子也借圣王之名高扬"尚贤使能为政,而取法于天。虽天亦不辨贫富、贵贱、远迩、亲疏,贤者举而尚之，不肖者抑而废之"（《墨子·尚贤中》）的观点。这些主张成为荀子"尚贤使能"论的思想资源，又在各家思想上进行了深化、细化，不仅再次强调了人才对于国家治理的重要性，也使人才的选拔和任用标准更加明晰和具有操作性。这些标准和原则对于当下仍然具有重要的借鉴价值。

 知识链接 ┄┄┄┄┄┄┄┄┄┄┄┄┄┄┄┄┄┄┄┄┄┄┄

荀子特别重视人的主动性，所以他批评庄子"蔽于天而不知人"（《荀子·解蔽》）。荀子的重"人"实际上与《周易》"天行健，君子以自强不息"精神一脉相承，是儒家向来所重视的。儒家思想突出强调"人"在天、地、人"三才"结构中的重要性，认为人在宇宙中、在"天—地"之间可以刚健毅行，充分发挥主动性以贯通天地、积极有为、影响社会。

五、先秦其他齐鲁先贤对周礼的阐释与运用

在齐鲁先贤的思想认识中，秩序、理性是非常重要的。从家到国，人一时不可无礼，家国一日不可无序，因而代表秩序的礼备受推崇。除如前所述的孔子、孟子、荀子之外，管子、墨子、晏子、尹文子等齐鲁先贤也对礼乐文明推崇备至。他们或将"礼"视为人与禽兽的根本区别，或主张"礼""法"并行，主张虽不尽相同，但其价值追求是一致的，即构建一个秩序井然、和谐友好的社会。

（一）管仲兼顾"礼"与"利"的治理思想

孔子批评管仲"不知礼"，这几乎算是一桩"冤案"。管仲重视经济，提倡物质生活要丰裕，认为倡导丰裕的生活有利于促进物质生产，刺激消费，拉动内需。这些观点在现在看来仍然很有道理。同时，作为春秋时期著名的政治家，管仲对于礼在治理国家过程中的作用是极为重视的。而且因为管仲身为丞相，拥有制定制度并推动各项制度的实施的权力，所以他关于礼制的思想同时呈现在理论和实践两个领域中，这是管仲与其他思想家的不同之处，也是非常难能可贵之处。

1. 重建原有"德礼"体系

管仲在齐桓公的大力支持下，对原周王朝的"德礼"体系进行重建和补充，在政治、经济、军事、文化、外交等各领域，一方面充分运用"礼"的力量进行道德约束，一方面用规则制度进行规范，比如他创立"叁其国而伍其鄙"制度，强化了国家管理，即将国都及其近郊划分为二十一个乡，由国君、高氏、国氏分别进行管理，将鄙野即国都之外的广大地区划分为五个属，每个属有专人管理，这一举措加强了国家管理能力，削弱了贵族的行政管理权，保证了国民各有其居，各守其业。在行政方面，管仲详细规定了从国君开始到各级官员的职责、衣食住行规格等，比如关于吃穿用度的要求是：按照爵位的高低制定穿用服饰的等级差别，根据俸禄的多少规定享用财物花费的数量标准。饮食有一定的标准，衣着有一定的制度，房屋设施有一定的限额，六畜和仆役有一定的数目，乘坐的车船和陈设的器物也都有一定的限制，等等。可以看到，这些规则制度的建立，有着周礼规制齐全、设计缜密的影子，同时又具有针对性，可操作性强，便于实践。

2. 礼义廉耻为国之"四维"

管仲认为礼在国家管理中具有重要作用，他指出："仪者，万物之程式也。法度者，万民之仪表也。礼义者，尊卑之仪表也。故动有仪则令行，无仪则令不行。故曰：'进退无仪则政令不行'。"（《管子·形势》）仪，是万物的程式；法度，是万民的仪表；礼义，是尊卑的仪表。所以举动合乎礼仪则政令能通行，不合乎礼仪则政令不能通行。此所谓"进退无仪则政令不行"。出于对礼仪重要作用的充分认识，管仲将礼提升为国家管理的四大法宝之一："何谓四维？一曰礼，二曰义，三曰廉，四曰耻，礼不逾节，义不自进，廉不蔽恶，耻不从枉。故不逾节则上位安，不自进则民无巧诈，不蔽恶则行自全，不从枉则邪事不生。"（《管子·牧民》）如果大家都做到了礼义廉耻，那么社会上下就会秩序井然，每个人都会加强自我约束，尔虞我诈、歪风邪气自然也就没有了。管仲的这段著名言论流传千古，即使到了今天，这段话依然道出了对个人修身、社会发展十分有益的见解，让人深受启发。这里值得注意的是"四维"

的提法。什么是"四维"呢?"维",就是绳子,是渔网的纲,起架构和支撑作用。古时车架,中间一根主杆,从主杆上拉出四根绳子,分别连接到车的四角,四根绳子撑起的是顶盖。其中任何一根绳子弯了或断裂,车顶盖都会塌下来。管仲认为,国家类似于车架,是由礼义廉耻"四维"支撑起来的,任何一个要素出现问题,国家自然也会出问题。而且这四者的结构,礼和廉侧重于行为和实践,义和耻侧重于精神,实践和精神两方面相辅相成,构成国家管理的重要抓手。

出于对礼重要作用的上述认识,管仲认为君臣必须严守礼仪之道,礼仪之道也是君臣之道:"为人君者,修官上之道,而不言其中;为人臣者,比官中之事,而不言其外。"(《管子·君臣上》)做国君的,要研修统率众臣的方法,而不去干预众臣职责范围内的事务;做臣子的,要管理好各自职责范围内的事情,而不要干涉职权范围以外的事务。这实际上就是在礼所规定的角色与职责范围内各司其职。管仲认为礼是天象、地形、人礼"三常"之一,而"三常"是人人都需要遵守的,也是人之"道":"天有常象,地有常形,人有常礼,一设而不更,此谓三常。兼而一之,人君之道也;分而职之,人臣之事也。"(《管子·君臣上》)天有固常的天文现象,地有固常的地形状貌,人有固常的礼仪制度,这些一旦形成就不会更改,这就叫作"三常"。统一法度、规划全局、统领百官,这是君主的责任,也是为君之道;分工管理、各司其职、恪尽职守,这是臣子的责任,也是为臣之道。把"礼"视为人之常理去遵守,并与天地并举，这再次说明管仲对于礼的重视。

礼是君臣之道，同样也是百姓之道。管仲指出，守礼是教化百姓的目标。要达成此目标，为人君者要注意以下两个方面。一是必须从小处着手："凡牧民者，欲民之有礼也；欲民之有礼，则小礼不可不谨也。小礼不谨于国，而要求百姓之行大礼，不可得也。"（《管子·权修》）凡是治理百姓的人都想使民众守礼；百姓要有礼，人君就不能不重视从小礼节开始推行。因为，在国内不重视推行小的礼节，而要求百姓能遵行大的礼仪，是不可能办到的。二是要关怀百姓并明确是非礼节，"厚爱利足以亲之，明智礼足以教之"（《管子·权修》）。给予百姓更多关怀和利益，百姓就会亲近君主；明确是非和礼节，百姓就能得到教化。在管仲看来，守礼不仅是国君管理百姓的重要前提，而且是国君必备的修养。有一次齐桓公问管仲如何管理百姓。管仲回答说："质信极仁，严以有礼"，即做到可信、仁爱、严谨、守礼就可以了。齐桓公不解，又让管仲详细阐述，管仲就说："信也者，民信之；仁也者，民怀之；严也者，民畏之；礼也者，民美之。"（《管子·小问》）意思是，守信用，民众就会信任你；行仁爱，民众就会怀念你；为人庄重，民众就会敬畏你；注重礼仪，民众就会赞美你。

3. 富民厚生，义利兼顾

在对礼进行守正创新的过程中，管仲认识到礼不是形而上的概念，它的实现需要物质基础，因此提出"仓廪实而知礼节，衣食足而知荣辱"（《管子·牧民》）、"厚爱利足以亲之，明智礼足以教之"（《管子·权修》）等著名观点，强调讲礼义教化不忘物质利益的激励作用，讲物质利益不忘礼义教化的引导作用。实际上这正是中华文化"富民厚生，义利兼顾"思想的先声。"富民厚生，义利兼顾"是中华优秀传统文化中关于经济工作的一贯思想观念，反映了中国古代先圣先贤关于经济社会发展的民本导向和道义原则。各思想流派都有丰富的富民、利民思想。比如道家学派高度重视富民，反对扰民争利。其代表人物老子提出，"以百姓心为心""我无事而民自富"，强调体恤百姓，与民休养生息。这些论述，体现了古代民本经济观的基本理念，即要以民为本，让百姓过上富足生活，只有这样，国家才能长治久安。当然，关于富民、利民的思想在儒家文化中表达最为丰富。管仲最早提出"富民"一词，《管子·治国第四十八》开篇即指出："凡治国之道，必先富民。民富则易治也，民贫则难治也"，将富民视为治国的基础。

重视富民的重要性，重视富民与礼治、国家长治久安的密切关联，这一思想在孔子和孟子那里得到充分发挥，发展出不扰民、不耽误农时等"仁政"思想。孔子提出养民、富民、教民之说，认为富民是为政之要义。鲁哀公问政于孔子，孔子回答说："政之急者，莫大乎使民富且寿也。"（《孔子家语·贤君》）正因为富民是最为急切的，所以儒家常常将民生置于优先的位置来认知和讨论。如子贡问政于孔子，孔子回答说："足食，足兵，民信之矣"（《论语·颜渊》），认为富民就是要

位于山东淄博的管仲纪念馆外景

轻徭薄赋、藏富于民。因此，他力劝鲁哀公不要与民争利，提出"省力役，薄赋敛，则民富矣"（《孔子家语·贤君》）等重要思想。在《论语·子张》篇中又提出"养民"路径为"庶之""富之""教之"，先使百姓富足，然后再教化。这里的"足食""富之"都是富民的观念。孔子的学生有若发展了孔子的富民思想，进一步提出"百姓足，君孰不足；百姓不足，君孰与足"，强调富国必须以富民为基础。孟子继承了孔子的富民思想，认为富民也是统治者不可逃避的道义责任。如《孟子·滕文公上》说："为民父母，使民盼盼然，将终岁勤动，不得以养其父母，又称贷而益之，使老稚转乎沟壑，恶在其为民父母也！"

富民、崇礼，兼顾利义，这是管子的为政思想，也是孔子、孟子等齐鲁先贤的共识。从中国思想史、文化史角度看，齐鲁文化义利兼顾的理念的伟大之处，在于既认识到"利"的重要性，物质基础的重要性，又清醒地认识到片面逐利的危害性，强调"义""利"平衡和行为适度。马克思说，人类奋斗的一切都与利益有关。换句话说，人类所有的活动都与利有关，只不过"利"的具体内容、逐利的程度等存在差异。实事求是地说，社会本来就是利益的结合体，人人上升到超越功利的道德境界或天人境界是不可能的。革命就是为了利益而斗争。而在为利益斗争的过程中，肯定会给那些为人民争取最大利益者带来至高荣耀。所谓求名要求万世名，求利要求百姓利。这是马克思主义的名利观，也是义利兼顾的精神旨归。

富民厚生、义利兼顾的理念，在当代仍然具有重要的意义。人类生存其中的自然与社会状态是人的幸福感的最重要保证。富足的物质基础是幸福感的重要前提。只是，我们也会发现，社会生产越发展，人反而越来越失去幸福感了。这是为什么呢？因为义利兼顾的平衡被打破了。当利己主义流行，就会破坏我们的人际关系、亲情关系、家庭关系以及人与自然的关系。生活在利己主义的人际关系和欲望之中，即使物质生活水平越来越高，也不可能有幸福感。贫困是不幸的，但富裕不一定就幸福。幸福源自矛盾得到正确处理后的和谐，包括人与自然关系的和谐、人与人关系（包括亲情和友情）的和谐，以及人的身心和谐。现代社会，虽然很多人收入很高，但不同程度存在家庭旅馆化、两性多元化、文化需求低俗化、精神空虚化现象，这类现象显然导源于过于"逐利"而忘记"义"，因此我们仍然要强调、强化义利兼顾理念。

张岱《夜航船》记载一则"无忘射钩"的故事:"管仲将兵遮莒道,射桓公,中带钩。后鲁桎梏管仲送于齐。齐忘其仇以为相。谓桓公曰:'愿君无忘射钩,臣无忘槛车。'"管仲带兵封锁莒地的道路,用箭射中了齐桓公衣带上的钩子。后来鲁国用囚车把管仲送到齐国。齐桓公不计前嫌任他为相。管仲对齐桓公说:"希望您不要忘记射钩之事,我也不忘记关在囚车之事。"这里管仲说的"不忘",不是要记仇,而是记住情谊,感恩君臣遇合的幸运。

(二)晏婴崇"仁"尚"礼"的治理思想

晏婴是春秋时期著名的政治家,曾经辅佐齐灵公、齐庄公、齐景公长达五十余年,促使齐国在诸侯纷争的年代仍然长期处于相对兴盛的地位。晏婴的治理思想是实行仁政、崇尚礼治,其具体礼治思想表现在以下四个方面。

1. 人禽之别在于"礼"

礼是人区别于禽兽的标志,因而须臾不可废。他指出,禽兽凭力气主宰它们的世界,强者侵犯弱者,所以才时常更换主宰者,但是人不会这样。力气大的人不会去打败力气不如他们

晏子雕像

的长者，有勇气的臣子也不会去杀死他们的君王，正是因为有礼的约束。出于上述认识，晏婴批评齐景公向诸侯索求很多却不在乎礼节以及与群臣相处时经常违背常礼的行为。《晏子春秋·内篇谏上》记载，有一回齐景公厌倦了礼的约束，想在饮酒时让群臣不拘礼节，晏婴认

为不可，劝谏景公说："群臣固欲君之无礼也"，群臣本来就希望国君不拘礼呀。晏婴的意思是：国君一旦不守礼，群臣就会更加不守礼，社会秩序也就乱了。事实上，力气大的人足以打败他的尊长，勇气多的人足以杀死君王，可正是礼的约束才使他们没有这么做。大臣们以勇力主宰一切，强者侵犯弱者，于是天天更换主宰者，那么您还怎么保证您的君王之位呢？人类之所以高贵于禽兽，就是因为人有礼呀。齐景公不听，晏婴就故意对景公无礼，"公出，晏子不起；公入，晏子不起；交举则先饮"。景公出入时晏婴不仅视而不见而且也不起身送迎，大家举杯时晏婴又故意抢先饮酒。景公非常生气，责怪晏婴无礼。晏婴趁机回答说：群臣若无礼，就会像我这样。景公醒悟

过来，道歉说群臣无礼是自己的过错，于是"饬法修礼以治国政，而百姓肃也"，整顿法度修习礼制来治理国家政事，百姓们也都恭敬有礼了。

晏婴反复强调礼对维护伦理秩序的重要作用，认为上至君臣、下至父子兄弟皆赖于礼之规范才得以保持和谐相处，国家也可以长治久安："礼之可以为国也久矣，与天地并立。君令臣忠，父慈子孝，兄爱弟敬，夫和妻柔，姑慈妇听，礼之经也。君令而不违，臣忠而不二，父慈而教，子孝而箴，兄爱而友，弟敬而顺，夫和而义，妻柔而贞，姑慈而从，妇听而婉，礼之质也。"（《晏子春秋·外篇第七》）。历史已经证明礼可以治国，礼与天地共存。君王德美臣子忠心，父亲慈爱儿子孝顺，丈夫和悦妻子温柔，婆婆仁慈媳妇顺从，这是礼的常规，也是人的高贵之处。而人之高贵就在于有礼，守礼实现了家庭、社会中的长幼有序、父子有别、上下分明。晏婴认为，在礼的规范下，民众不会懈怠，财货不会转移，工商不会改行，士人不会虚浮，官吏不会僭越，大夫不会收取公室之利。正因为礼有如此重要的作用，所以在日常生活中对礼不可有丝毫的懈怠马虎。《晏子春秋·内篇谏下》记载：有一次，齐景公铸造了一口大钟，想与晏婴一同庆贺。晏婴说：还没有祭祀先君就要为此宴饮，是不符合礼制的。齐景公不以为意，问"何以礼为"，要礼做什么呢？晏婴劝导说："礼者，民之纪"，礼，是百姓的纲纪，伦理纲纪乱了就会失去百姓，失去百姓国家就危险了。齐景公听从了晏婴的建议，举行典礼祭祀了先君。

2. 正统礼乐利于长治久安

晏婴认为正统礼乐能维护政治稳定、国家长治久安，但新作的一些奢靡的音乐会魅惑国君而误国，因而他反对君王沉湎奢靡之音。《晏子春秋·内篇谏上》记载：有一次，齐景公的乐师虞新作了曲子，景公非常喜欢以至于耽误了上朝。晏婴就让负责礼乐的官员重修礼乐并拘捕了虞，景公很不高兴地质问晏婴为什么要拘捕虞。晏婴回答说："夫乐亡而礼从之，礼亡而政从之，政亡而国从之。……幽、厉之声，顾夫淫以鄙而偕亡。"音乐衰亡了礼义就跟着衰亡，礼义衰亡了政治就跟着衰亡，政治衰亡了国家也就跟着衰亡了。商纣王、周厉王时期的音乐，就是因为淫靡粗鄙，便连同礼义、政治、国家都败坏掉了。简言之，在晏婴心目中，礼乐的意义在于规约人的言行，使天地君臣百姓各安其位，如此国家才可永续生存发展。也正是看重礼的"约束"作用，晏婴认为礼制是限制诸侯权力的依凭。晏婴生活的时期，正处于"田氏代齐"的局面，他理性地分析田氏施惠于民、深得人心和王室挥霍骄纵、民怨沸腾的事实，指出："今公室骄暴，而田氏慈惠，其爱之如父母，而归之如流水，欲无获民，将焉避之？"（《晏子春秋·内篇问下》）田氏之施惠于民与王室之骄暴两相比较，民心自然如流水一样归向田氏。但是作为齐国的相国，他并不希望在政治上真正地"田氏代齐"。有一回齐景公问他该怎么办时，他回答说："维礼可以已之"（《晏子春秋·外篇第七》），只有礼制可以制约田氏。当然这一观点是虚弱的。如果不施行仁政，不让百姓获得实惠，礼制是无法阻止百姓拥戴给予实惠的一方的。

3."勇""礼"不可分，礼治仁政并行

晏婴推崇礼治的目的，一方面希望礼制可以限制田氏，维护王室的稳定，另一方面也希望当时的君主可以重民爱民，施惠于民，施行仁政。齐庄公崇尚勇武，不重礼义，所以当时勇力之士横行无忌，对此状况晏婴指出，"轻死以行礼义谓之勇""故勇力之立也，以行其礼义也"（《晏子春秋·内篇谏上》），勇力必须以礼义为前提，否则将导致国家衰败灭亡。《晏子春秋·内篇谏下》还讲了一个故事：齐景公豢养了三位勇士，但是他们有勇力但是无礼义，晏婴劝谏说：贤明的君主所豢养的勇士，对上有君臣之义，对下懂得尊敬长者为人师表，对内可以制止暴乱，对外可以威慑强敌。君王可以从他们的功劳中得利，臣民敬服他们的勇武行为，所以才让他们有尊贵的地位和丰厚的俸禄。您养的这三个人，没有礼义，"此危国之器也"，这种人是国家的祸害，必须设计除掉。齐景公听从了这个建议，用计策让这三个人自裁而亡，景公也以士人之礼安葬了他们。《晏子春秋·内篇谏下》还讲了一个故事：齐景公喜欢的狗死了，景公很悲伤，想给狗做口棺材并为之提供祭品。晏婴认为用葬人之礼对待狗是不合适的，说："厚藉敛不以反民，弃财货而笑左右。……且夫孤老冻馁，而死狗有祭；鳏寡不恤，而死狗有棺。"征收赋税不为百姓造福，却浪费财物在动物身上供臣子取乐。况且孤苦老弱挨饿受冻，死狗却有祭祀；鳏夫

寡妇得不到抚恤，死狗却有棺材。这些做法必然要招致百姓怨恨，若是此种行径被各国诸侯听说了，必然轻视齐国。景公听从了劝诫，打消了为狗举行葬礼的荒唐念头。这里晏婴是将礼治与仁政密切联系在一起的。

4.礼制教化需要上行下效

晏婴认为要充分认识礼的教化作用，君主、大夫是否遵守礼制是决定百姓是否遵守礼制的关键。据《晏子春秋·外篇第七》记载，有一次，齐景公想与晏婴免除礼节来欢畅共饮，晏婴对齐景公说：现在齐国五尺高的儿童，力气都比我大，也能胜过君主您，但是他们不敢作乱，就是因为敬畏"礼"。在朝廷中，如果大夫不讲"礼"，下面的官员就会效仿而变得不恭敬，因而也就无法做到尽忠职守、尽忠国家。君主若不遵守礼仪，那么懂得礼仪的人就会远离，不遵守礼仪的人就来了；相反，君主若遵守礼仪，那么就会吸引遵守礼仪的人，不遵守礼仪的人就远离了。还有一次，齐景公喝醉了三天才起，晏婴进谏说：古人饮酒，只要能使气血畅通就可以了。如果君王饮酒而不至于醉的话，宫廷内外就不会有昏聩无礼的行为。如果您喝一次酒三天才起，那么原来那些能够自我约束的人就会放肆为非作歹，民众也会轻视赏罚，您就失去治国之道了，所以君王饮酒要节制（《晏子春秋·内篇谏上》）。正是看到礼制的上行下效作用，晏婴认为遵礼应该从细节入手。齐景公打猎休息时，不拘礼节直接坐在地上，晏婴则拔草为席，并劝谏景公不可不拘小节直接席地而坐（《晏子春秋·内篇谏下》）。晏婴的意思是，君主的一言一行都是榜样，在任何场合任何事情上，都要依礼而行，不可随意，否则会影响群臣和百姓的言行。

读《晏子春秋》，会发现一个非常有意思的现象，那就是晏婴一直在依礼尽职尽责地劝谏君主，忠言逆耳亦不退让，在君主不听从劝谏时，晏婴多次提出要辞官、离职，但是没有一次成功。为什么呢？因为每次都是景公及时认错，并请求晏婴不要弃百姓于不顾，甚至说"你抛弃我没关系，难道你要抛弃百姓吗"，或者"你要辞官的话，那我就跟在你后面也辞职算了"。晏婴与景公的相处方式，从礼制角度说，无论是劝谏还是认错，都是依礼而行，各司其职；从君臣相处而言就更令人感慨。忠言直谏的晏婴不难得，知错就改、信任众臣的景公难得，此乃值得我们深思之处。

🔗 **知识链接** ··

中国历史上像晏婴一样直谏而不被冷落的故事也有不少。北宋时期司马光的父亲司马池任地方低级官员时，曾经当场反对上司盛度要求三天之内完成木材上缴任务，其他县的主管都明知道这个任务完不成，但都没有反对，只有司马池当场拒绝说这个任务三天完不成，最终结果是盛度所管辖的所有县都未能在三天之内完成任务，而司马池是最早完成任务的。盛度不仅没有因为司马池当众反对其命令而恼怒，后来还为司马池写了推荐书，正因为此，司马池才结束十七年的下层职位被拔擢为中层。

（三）墨子兼顾"礼敬"与"节用"的治理思想

墨子是战国时期墨家学派的创始人和代表，其思想集中体现在《墨子》一书中。学界大多认为其思想可以归结为"兼爱""非攻""尚贤""尚同""节用"等方面，其中，"兼爱"为核心，"节用""尚贤"为基本点。这些见解自然是符合《墨子》的基本思想的，只是忽视了墨子对于礼学的重视和基本观点。

1. 通礼尚礼敬

崇尚节用、反对铺张浪费的墨子精通礼学。《吕氏春秋》记载，墨子曾经在鲁国问学于精通礼学的周代史官史角的后人。墨子认为国家治理需要君主、三公、诸侯、卿宰、乡长和家君协同，这显然是周礼的规制："古者天子之立三公、诸侯、卿之宰、乡长、家君，非特富贵游佚而择之也，将使助治乱刑政也。"（《墨子·尚同下》）古代设立上述诸职位的目的不是让他们富贵安逸游乐的，而是要帮助治理政务和刑罚。很显然，墨子认为从君主到家庭，都应有相应的职级来管理，这是国家治理有序的重要保证。这一思想显然是周礼的传承。

同晏婴一样，墨子也认为礼是人与禽兽的重要区别之一，一旦失去礼的维护，则君臣父子兄弟必然失序，国家则一定会陷入混乱："至乎舍余力不以相劳，隐匿良道不以相教，腐朽余财不以相分，天下之乱也，至如禽兽然，无君臣上下长幼之节，父子兄弟之礼，是以天下乱也"（《墨子·尚同中》），意思是说当人们舍弃多余的力量也不愿意相互帮助，隐瞒良好的道术却不教导别人，宁肯让多余的财物腐烂也不肯拿出来分给别人，天下混乱，以至于像禽兽一样，没有君臣上下年长年幼的礼节，没有父子兄弟的礼仪，所以天下变得混乱。很显然，墨子认为尊卑无序是禽兽的状态，亦即将礼仪视为人与禽兽相区别的标志之一。

与孔子强调礼的情感底色、孟子强调礼以敬为本一致，墨子也反复指出礼的特征在于"敬"。"礼，敬也"，"礼，贵者公，贱者名，而俱有敬僈焉。等，异论也。"（《墨子·经说上》）也就是说，墨子认为礼就是敬，其价值在于区分贵者和贱者的身份等级，体现出人的伦常秩序。墨子又说："丧虽有礼，而哀为本也"（《墨子·修身》），守丧虽然有礼节，但哀伤才是根本的。读《墨子》一书可以发现，墨子将礼与敬联系最多的，是在讲到关于祭祀之礼的时候。他多次强调对祭天之礼的敬畏和恭敬："絜为酒醴粢盛，以敬事天"（《墨子·法仪》），干干净净地置备好酒食祭品，恭敬地侍奉上天。在《墨子·尚同中》篇中，墨子重申了对上天鬼神的恭敬之礼："（古者圣王）是以率天下之万民，齐戒沐浴，洁为酒醴粢盛，以祭祀天鬼。其事鬼神也，酒醴粢盛不敢不蠲洁，牺牲不敢不腯肥，珪璧币帛不敢不中度量，春秋祭祀不敢失时几"。意思是说古代圣明的君王率领天下百姓，一起斋戒沐浴，干干净净地准备好酒食祭品，拿来祭祀天地鬼神。他们侍奉鬼神，酒食祭品不敢不干净，牛羊牺牲不敢不肥美，珪璧币帛不敢不合乎标准，春秋季节的祭祀都不敢错过时期。墨子与孔子不同，墨子是相信有天帝鬼神的，而且认为天帝鬼神为天下规定了正义、道义，有点夏商时期国君"配天而行"的意思。墨子虽然不赞成儒家礼仪的繁缛，但是从上述对于天帝鬼神的恭敬来看，他所重视的礼仪不得不说也是庄重肃穆的。

2. 仁者节用

由于将注意力聚焦于满足百姓基本生存需求这一根本目标，所以《墨子》坚决反对铺张浪费，主张"节用""非乐"，认为衣食住行能满足基本生存需要即可，不必虚饰铺张，亦不可追求舒适安逸："仁者之为天下度也，非为其目之所美，耳之所乐，口之所甘，身体之所安。"（《墨子·非乐上》）很显然，在物质匮乏、百姓温饱难以保证的时代，"节用""非乐"的主张是对贵族阶层铺张风气的强烈批判。因此，墨子反对过于烦琐的礼仪形式，反对违反人道、违背人心的礼仪，其中他最反对的是"厚葬久丧"，认为这一礼仪规定影响物质生产和人口增长。他指出，"厚葬久丧"的礼仪之所以去除不掉，不是因为这是圣主明君的规矩，而是习惯、习俗使然，是非常不合理的，"故衣食者，人之生利也，然且犹尚有节；葬埋者，人之死利也，夫何独无节于此乎？"（《墨子·节葬下》），人的衣服食物，就是人们生存的利益之所在，然而尚且有个节度；埋葬是人死后的利益所在，怎能独独没有节度呢？简单而言，墨子反对烦琐的礼仪形式，而极为看重礼制所带来的社会秩序与和谐。

总体上看，在先秦时期百家争鸣的氛围中，《墨子》一书不像《孟子》那样汪洋恣肆，也不像《荀子》《尹文子》那样将议论与故事相结合，它的语言风格总体上是朴素的，甚至有些单调、啰唆，但其思想是丰富、务实的。如果将《孟子》比喻为一个高陈大义、潇洒狂放的旷达之士，那么《墨子》就是一个不善言辞、勤谨务实但内心笃定的平凡大众。该书对于礼制维持秩序的重要性的强调、对于烦琐礼仪形式的反对等思想对于当下仍有重要启示：在网络时代，如何继续发扬礼仪制度维护家庭伦理、社会关系的作用，以求解决人与人之间的疏离与冷漠？在物质已经极大丰富的时代，如何更好地满足人们的精神生活需求？如何引导整个社会适度讲究礼义、适度求"乐"求"美"？这些都是我们在坚持《墨子》朴素思想前提下应该着力思考的问题。

（四）尹文礼法并用的治理思想

战国时期是齐鲁先贤辈出的时期。除孔、孟、荀、墨等名家之外，还有很多哲学家的思想同样闪耀着动人的光辉，主张用"仁义礼乐名法刑赏"治国的尹文就是其中之一。尹文是齐国人，战国时期著名的哲学家，属稷下道家学派。其思想特征以道家"法自然"的思想为基础，同时兼收儒家、法家等思想及其他各派学说，呈现兼容并蓄的气度。他的相关思想集结成《尹文子》一书。该书旧列名家，目前所见仅一卷，分《大道》上下两篇，共 7000 余字。上篇着重论述形名理论，重点论述语言的指称性与内涵的关系，强调正名以定是非，历来为研究中国逻辑思想史者所重视。下篇从分析历来王者治国的八种治世手段入手，分析其利弊得失，提出治世之道，可以看作是上篇形名理论在具体实践领域的应用。上下两篇逻辑紧密，结构完整，整体篇幅不长但格局阔大，为政理念严谨又实用。

1. 八种治世之术

从管理角度说，《尹文子》关于治国理政的相关思想颇有创见，对于当代的领导者和管理者具有重要的启示意义。该书首先指出，自三皇五帝以来，治世之术不外"仁义礼乐名法刑赏"八种。很显然，这八种治世之术分属儒、法两家，也就是说，尹文的治理思想是儒法并用，这一思想对荀子影响很大。尹文认为礼乐是治理的重要手段，"圣王知民情之易动，故作乐以和之，制礼以节之。"圣明的君王知道百姓的情感容易波动，所以制作音乐来调和，制作礼仪来约束。当然，与儒家高度称赏仁义礼乐不同，尹文看到仁义礼乐若无硬性手段的制衡，就会产生负面效应："仁者所以博施于物，亦所以生偏私；义者所以立节行，亦所以成华伪；礼者所以行恭谨，亦所以生惰慢；乐者所以和情志，亦所以生淫放"。仁，可以广泛地施行于万物，也可以生发偏私；义，可以建立有节操的行为，也可以形成虚伪浮饰；礼，可以用来表示谦恭严谨，也可以生发出懒惰怠慢；乐，可以用来调和情志，也可以生发出淫漫放逸。如何克制仁义礼乐的弊端呢？那就是同时运用"名法刑赏"，以定是非、齐制度、立威严、劝忠能。

在尹文看来，上述八种治国之术本身无高下优劣之分，使用效果也不能一概而论，关键在于运用是否得"道"："用得其道，则天下治；用失其道，则天下乱。"用得得法恰当，那么天下就秩序井然；如果用得不得法不恰当，天下就乱了。那么这个"道"的标准是什么呢？《尹文子》一书中没有直接阐释，依据其对于八种治国之术的优点和不足的表述，可以认为，就是"综合运用儒法，保持礼法平衡"。那么尹文强调综合运用儒法八种治国之术，这其中的儒与法、礼与法有无先后呢？学界有人认为尹文没有明确表示儒法的先后、主次。实际上，读《尹文子》可以发现，尹文虽然没有明确表述儒法的主次、先后，但在其相关论述中不难看出他是以法为根本的。也就是说，如果说荀子是援法入礼，那么尹文就是援礼入法。比如他在论述导致乱世的原因时指出：奸与盗只是一时之害，非乱政之本，真正的乱政之本是权术被滥用，法度不被执行，对现行的法规失去敬畏："乱政之本下侵上之权，臣用君之术，心不畏时之禁，行不轨时之法，此大乱之道也。"由此可见，八种治国之术的根本在"法"，大治、大乱的"道"并不像老庄所说的那么玄虚，而是具有明确的规定性：一是权有大小之分且有使用范围的约束，不同角色权力不同，使用范围亦不同；二是法度是根本保障，内心对于各项规定要心存敬畏，行为必须遵法度。很显然，这些思想综合融汇了礼、法的精髓，使得治国之"道"清晰可辨，且具有很强的可操作性，这也是《尹文子》一书虽以道家思想为基础，却具有更强的现实针对性和实效性的原因。

2. 礼法并用维护国势昌盛

《尹文子》一书的另一个颇有见地的观点是对一个国家盛衰运势的客观分析。其中指出，国家发展大致有衰、乱、亡、昌、强、治六种运势：君长子幼多姜孙稀疏宗远族必致衰国；君宠臣臣溺君公法废私政行必致乱国；国贫家富君轻臣重必致亡国。反之，内无专宠外无近习长幼不乱则成昌国；耕以时仓廪实兵甲利封疆修则成强国；上下有序令行禁止秉公无私则成治国。上述内容前半部分属于礼的范畴，后半部分属于法的范畴，仍然是礼法并用。内容上的综合包容与文字上的繁复绵密，形成强大的说服力。这样气势恢宏又立足现实的文字很容易让人想起明代徐渭论述好诗的标准。徐渭认为好的诗歌应具有"冷水浇背，陡然一惊"的品格。实际上，真正关注现实问题的好文字大都具有上述品格，《尹文子》亦不例外。它用恢宏大气、逻辑严谨的语言告诉我们一个颇具震撼力的道理：大到一个社会一个国家，小到一个部门一个组织，礼与法所提供的规则、法度、秩序都是至关重要的。对于处在法治建设进程中、追求强国之梦的当代中国为政者来说，上述种种观点是颇能引起共鸣的。

与战国时期其他作品相比，《尹文子》一书思想丰富，语言流畅严谨，体现出战国时期的论辩色彩，某种程度上与《孟子》比较接近。在表达方式上，采用议论与故事结合的方式，易于阅读，便于理解。尤其值得注意的是，《尹文子》的议论与故事现实针对性很强，无论是对于治国之术的探讨，还是用故事来阐述名实之理以明是非，其动机与目的都是纠正当时社会不良风气。比如尹文用四个故事来说明名实不符的荒唐与危害，其中一个就是齐宣王好射的故事。在齐宣王时期，尹文曾经在稷下学宫问学，他就顺手讲一个齐宣王的故事，拉近了与读者、听众的心理距离。这故事说齐宣王好射箭，而且喜欢人家夸赞他能用硬弓，其实他所用的弓不过三石之力。他把自己的弓拿给身边的人看。身边的人都试着去拉这张弓，但拉到一半就不拉了，说："这弓不下九石之力，不是大王您，谁还能用这样的弓呢？"齐宣王听了很高兴。然而实际上他所用的弓不过三石，他一辈子却自以为那是九石之弓。三石，是实际力量；九石，不过是虚名。齐宣王喜欢的是虚名，却不知道自己的真实力量。这个故事不知是真的还是尹文杜撰的，王阳明曾明确评价这四个故事至少有两个是杜撰。实际上不管故事真伪，尹文的意思是明确的，就是批评当时社会上名实相违的不良现象，故事轻松，思想深刻，意味深长。

六、齐鲁文化礼乐文明的时代价值

何怀宏在《文明的两端》中说，各个文明社会或族群的核心价值观念和生活方式，往往其形成也长，影响也长。它们能够起一种引领人们究竟想要什么，以及将精力和聪明用于何处的作用。形成于周代的礼乐文明影响了中国数千年的精神文化和制度建构，而先秦时期齐鲁先贤守正创新阐释礼乐文明的努力，为中华传统文化积累了丰富经验与智慧，为新时代中国人文化自信的培固和中华优秀传统文化的守正创新提供了丰富启示。

（一）强化文化自信，坚持守正创新

自信不是一个最终结果，而是一个不断坚守自我价值的过程。先秦齐鲁先贤从不同角度、不同出发点对于礼的创新性阐释，首先源自对于礼乐文明的自信与坚守。整体而言，中国人的文化自信奠基于中华民族深厚的文化积淀，"又是中华民族寻找自身伟大复兴之路的历史展示。这是一种既热爱自己的民族文化又海纳百川的包容精神，既积极奋进又不卑不亢的文化精神"。[①] 其基本特征表现在以下三个方面：其一，在中国特色社会主义话语体系中，文化自信是与道路自信、理论自信、制度自信不可分的。在中国特色社会主义道路、理论和制度中，都贯穿着中国文化的守正创新精神。其二，文化自信，是一个包括对中华优秀传统文化、红色文化和社会主义先进文化在内的自信。任何一个民族的文化都不是一蹴而就形成的，而是经过漫长时间的接续发展，因而民族文化是一个整体，传统与现代不可分割。一种悠久的文化若要保有旺盛的生命力，就必须将传统与现代有机结合，守正创新，传承发展。其三，坚定文化自信，不能忘记两个传统：中华优秀文化传统和革命传统。革命传统，就是红色文化传统。中国革命传统中凝结了中华民族的守正创新、百折不挠的优良传统，是中华优秀传统文化在

---

① 陈先达：《文化自信中的传统与当代》，《光明日报》2016 年 11 月 23 日。

新时代文化中的延伸和再创造。

新时代对文化自信和守正创新提出了新的要求,满足这些要求需要我们从思想认识、思维方式、文化心态等多方面努力。

强化文化自信,坚持守正创新,要有文化自觉。所谓文化自觉就是要充分认识中华文化的丰富内蕴和重要价值并积极主动地去继承、发展、创新。具体而言就是一方面要有文化自知,另一方面要促进文化传承发展。这里的文化自知主要指多多了解中华优秀传统文化。由于种种原因,当代人对中华优秀传统文化的许多内容和思想产生了隔阂,不仅未能充分了解其中精彩的内容和精神,甚至存在很多误解,比如以为"存天理,灭人欲"就是要灭掉人性。实际上,这里的"人欲"指的是人不合理的欲望。朱熹曾经对弟子解释说:人饿了要吃饭,是天理,饿了还必须吃山珍海味,就是人欲。理解了这句话的本意,我们就知道这是儒家一以贯之强调克制欲望的理性主张,对于一个人的修养非常重要。因此拥有文化自知,即正确、充分地了解自己的文化,是文化自觉的第一步。同时,文化自觉还要求推陈出新,即对中华优秀传统文化进行创造性转化和创新性发展。在历史上,许多优秀知识分子在弘扬传统文化过程中创造出了不少鸿篇,新时代,我们同样需要优秀人才在创造性转化和创新性发展中创造优秀成果,这是当代中国人的历史使命和社会责任。

强化文化自信,坚持守正创新,必须开放与包容。历史学家许倬云先生说："中华文化真正值得引以为荣处，乃在于容纳之量与消化之功。"① 正因为有"容纳之量"所以才能接受四面八方的外来文化，而有"消化之功"才能使外来的新鲜思想、风气为我所用。观之古今中外，凡封闭关锁，必抑制发展活力，凡开放包容则大多可激发活力。但是，若不能有效消化吸收而是机械搬用，则会导致只解构无建构，轻则教条无效重则导致混乱，失去自我。在中华文明史上，齐鲁文化不仅在礼乐文明阐释和发展过程中做出了巨大贡献，而且在其他很多方面都取得了巨大成就，若缺乏包容与转化能力很难取得这样辉煌的成绩。可以说历史上齐鲁文化的持续发展，齐鲁大地的成绩与创举亦得益于这容纳之量与消化之功。在当代，强化文化自信，坚持守正创新，在文化心态上仍要坚持开放与包容，以海纳百川的开阔视野和胸襟，以坚如磐石的坚守精神，继续传承中华优秀传统文化，创造新时代中国文化。

强化文化自信，坚持守正创新，要保持变易思维。变易思维是中华文化传统的思维方式之一，其基本特征是保持各要素间的对立平衡，强调生生不息的活力、动力和生命力。齐鲁先贤对礼乐文明的阐释体现出明显的变易思维特征。正是因为保有生生不息的活力和生命力，孔子、孟子、荀子、管仲、尹文子等才能积极立足现实，从儒、法、道等不同思想出发对礼做

---

① 许倬云：《万古江河》，北京日报出版社 2023 年版，序。

出了诸多创新性阐释，深刻影响了中国人的精神品格和中华优秀传统文化的发展；也正因为他们看到诸多思想协调平衡的重要性，才能将儒家的礼乐文化与法家思想、道家精神等糅合为一体，为当时的社会治理和发展提供良方，对于当代社会治理仍然具有重要的启示价值。在当前世界百年未有之大变局中，中国的政治、经济、文化、生态建设等诸方面都存在巨大发展空间，变易思维方式一方面有助于积极面对现实发展需要，积极解决问题，推动各方面的发展进步；另一方面也有助于避免片面或极端，避免解决一个问题又引起其他不必要的问题、一面破坏一面建设的状况。

（二）重视理论创新，坚持思想引领

礼乐文化在先秦齐鲁文化中的大发展，是中华文化理论创新的重要成果，也是中华文化守正创新的典型代表。礼乐文化的大发展不仅促进了齐鲁文化的丰富和发展，而且奠定了中华文化的基本特征。这一历史事实充分说明，在任何时代、任何情况下，理论和理论创新都是非常重要的。事实上，古今中外思想家对于理论重要性的认识都是一致的。古希腊哲学家第欧根尼在谈到哲学的意义时说，"如果没有别的，那至少为各种命运做好了准备"。这句话说的是哲学的重要性，也可以看作是理论的重要性。马克思曾经在《〈黑格尔法哲学批判〉导言》中说："理论只要说服人 [ad hominem]，就能掌握群众；而理论只要彻底，就能说服人 [ad hominem]。"① 马克思强调的是理论说服他人、领导群众的巨大力量。中国古典文化强调"道"，《道德经》认为得道可以"求以得""罪以免"。意思是说，人若懂得道，则无论是求治国之道、行军布阵之道、安身立命之道，还是求在各种处境中避免错误，都可以有所收获。这个"道"相当于"真理"，也可以置换为"理论"。理论之所以具有如此巨大的力量，是因为理论能够总结实践规律，可以烛照现象背后的真相和原因，从而为真正了解现实、推动实践提供指引。理论是照明灯，是外科医生的 X 光，可以烛照晦暗不明，照亮前行的路。在生活和工作中，有理论储备和无理论储备，面对问题时的状态是不同的。一般来说，若有相应的理论储备，面对问题时会相对笃定、坚定、更有信心去解决问题，而若缺乏相应的理论储备，则可能担忧、恐惧、困惑、犹疑会多一些，影响行动方向和效率、效果。

新时代齐鲁文化的理论创新要始终坚守"魂"和"根"。马克思主义的"魂脉"和中华优秀传统文化的"根脉"，是新时代齐鲁文化理论创新的基础和前提，理论创新也是为了更好地坚守这个魂和根。中华民族有着独特的历史传统和深厚的文化积淀，这决定了中国文化底色和民族特色。中华优秀传统文化是理论创新的文化根基，不仅决定着理论的民族特色，而且决定着理论能在多大程度上指导中国式现代化的实践。马克思

---

① 《马克思恩格斯选集》第 1 卷，人民出版社 2012 年版，第 9—10 页。

主义是新时代理论创新的魂脉，决定着理论创新的价值旨归。无论在任何时空条件下，立足中国大地、立足中国问题，坚持人民至上，全心全意为人民谋福利是马克思主义的价值取向。新时代的理论创新必然要坚定不移地坚持这一价值取向。齐鲁文化在历史上曾经创造了诸多辉煌，很大程度上影响了中华文化的特质和走向，在当代仍需要立足齐鲁发展实践，创新开拓，尤其应当立足如何用马克思主义去激活传统活力，实现转型跨越式发展的理论攻关，推动齐鲁文化实践更深入发展。

新时代齐鲁文化的理论创新要继续秉持问题意识。理论的创新性和合理性部分取决于其对当时社会发展情况的针对性和满足社会需要的程度。像孔子和稷下学宫的学子们，都是关心社会现实，直面现实问题，勇于探索思考的。他们的很多思想非常深刻，富有创新性，甚至许多观点振聋发聩，对当代仍然具有重要借鉴价值。如果不是实事求是，如果不是关心现实问题并具有解决现实问题的强烈意愿，他们的理论不可能跨越千年仍然具有价值和魅力。当代齐鲁文化正处于马克思主义同中国具体实际、同中华优秀传统文化"两个结合"发展的重要时期，需要实事求是，在关注现实中增强问题意识，寻求时代课题，更需要在回答现实问题过程中获得理论创新的动力。具体而言，当前齐鲁文化的理论创新，需要迫切解决两个需求：一是创造性转化和创新性发展问题。齐鲁文化是中华优秀传统文化的重要组成部分，是儒学的发祥地。新时代齐鲁文化的理论创新首先要关注的是如何"两创"发展，让丰富的文化积淀焕发活力；二是要关注如何将儒学及其他中华优秀传统文化因素落实到日常生活中，建立新型的东方生活方式。儒学在当代如何实践，是学界关注的问题之一，齐鲁文化完全可以充分运用丰富儒学文化积淀、良好民风的基础，探索儒学落实到日常生活的路径。

新时代齐鲁文化的理论创新还要重视人才培养以保持创新活力。礼乐文化在齐鲁文化的守正创新得益于先秦齐鲁先贤的努力。他们的努力充分说明了人才在文化传承与创新过程中的重要性。实际上，古今中外对于人才的重要性都有充分认识。《管子·权修》说："十年树木，百年树人。"普法战争结束时，普鲁士首相俾斯麦指着面前走过的学生说，我们能打赢这场战争，不是因为我们的士兵，而是因为我们的学生。一个国家之所以强盛，关键在学校而不是军队。这里俾斯麦强调的虽然是教育的重要性，但也可以说是人才的重要性。党的二十大报告指出："培养造就大批德才兼备的高素质人才，是国家和民族长远发展大计。"[①] 回顾齐鲁文化的发展历程，稷下学宫的繁盛和孔子三千弟子的人才盛况让人赞叹。齐鲁文化的博大很大程度上得益于齐鲁大地的济济人才。在面临经济、文化转型发展以及世界大变局的当下，齐鲁文化的发展尤其需要人才支撑，这就需要在人才培养、人才引进、人才队伍建设等方面做好规划，细化措施，完善保障制度，促进人才队伍发展并保证稳定性。

---

① 《习近平著作选读》第一卷，人民出版社 2023 年版，第 30 页。

（三）提倡礼乐文明，促进社会和谐

礼乐文明在当代仍然具有重要价值。比如最日常的餐桌礼仪奠定了一个人教养的基石，也奠定了个体对社会秩序的最初认识。"富而好礼"。当前整个社会的物质基础已经比较丰厚，为提升社会文明水平奠定了物质基础，正是重新提倡建设礼乐文化的时候。另一方面，在建设法治社会的进程中，如果能够吸收中华传统文化强调"人性向善"的思想，重新发掘传统文化重情感、重个体修养、重家庭价值等思想，加以现代性的有意培育，就可能成为稳定社会的健康因素，应当会减少很多家庭纠纷、邻里诉讼官司。

在当代建设礼乐文明，促进社会和谐，首先需要处理好"知"与"行"的关系，真正做到知行合一。实践是检验真理的唯一标准。任何理论只有运用到实践中去才能检验其效果。庄子说：道"止于心，证于行"。"止于心"指对理论应心领神会，有所得，有所悟，真正在心灵深处扎根；"证于行"指用行动、用实践去证明理论，检验自己的见解。马克思就是这样来践行的，理论、哲学对他来说不是单纯的学说，而是信仰，是言行的准则。无论是孔子、庄子还是马克思，都充分认识到了实践的重要性，因而一方面致力于理论阐发，一方面积极投入社会践行自己的思想。在当代，我们仍然需要时刻注意处理好"知"与"行"的关系，真正做到知行合一。齐鲁文化具有能"坐而言"也能"起而行"的优良传统，当下齐鲁文化的发展需要继续发扬这一优良传统。

建设礼乐文明，促进社会和谐，需要继续坚守人民立场，"利民为本"。先秦时期齐鲁文化包含多家多派，他们理论旨趣不同，政治策略不同，但其关注点是相同的，即均与现实问题密切相应，皆充满"利民为本"的情怀。在当代，人民至上是中国共产党的根本价值立场，在实践中体现人民立场，主要表现为三个方面：一是尊重人民主体地位，依靠人民的主体力量，要充分发挥人民的积极性、主动性和创造性；二是实践要根植于人民生产生活实践，从人民生产生活中发现问题，解决问题；三是实践要以满足人民文明需求为目的，促进人的自由全面发展，顺应人民对文明的期待和诉求，满足人民日益增长的对美好生活的诉求，使全体人民共享文明发展的成果。

建设礼乐文明，促进社会和谐，需要充分发扬礼的精髓。礼的精髓包括四大原则。一是"尊重"原则，这一原则要求在各种类型的人际交往活动中，以相互尊重为前提，要尊重对方，不损害对方利益，同时又要保持自尊。二是"遵守"原则，即要遵守社会公德，遵时守信，真诚友善，谦虚随和。三是"适度"原则，现代礼仪强调人之间的交流与沟通一定要把握"度"，要有边界意识，在不同场合，面对不同对象，应始终不卑不亢，把握好一定的分寸。四是"自律"原则，即交流双方在要求对方尊重自己之前，首先应当检查自己的言行是否符合礼仪规范要求。

建设礼乐文明，促进社会和谐，要礼法并行。当前，我国各项法律法规基本完备，社会法治意识普遍提升。在此基础上，在管理工作中，可以探讨"礼""法"并用之路径。一方面，"富而好礼"，不仅仅是孔子的社会理想，实际上也是每个人追求精神提升的内在需求。另一方面，提升礼义廉耻的道德修养也是当下社会的迫切需求。追求物质忽视精神、追逐经济利益忽视道德道义、生活越来越好幸福感却降低了，这是困扰很多人的现实问题。若要解决这些问题当然需要社会多种力量参与，多条路径发挥合力，但重新提倡学"礼"知"礼"行"礼"不失为一条有益路径。若能在社区、乡村、单位管理上，在制度之外辅之以"礼治"，小处说将有助于减少不必要的利益相争，减少父子、兄姊对簿公堂等令人唏嘘的事件，大处说将有助于密切人与人之间的情感联系，提升人性，避免人成为"单面人"。

🔗 知识链接

宋代以前，私人书信是不允许走官府的邮递路线的。到宋仁宗时期开始允许家书附递。仁宗景祐三年（1036年）五月下诏："中外臣僚许以家书附递，明告中外""此制一颁，则小官下位受赐者多。"古代官员宦游，若不是达官贵人，谁有能力差人专门送信呢？所以这是一项非常体贴的德政。

（四）培养尊重历史、师古用今的历史思维

先秦齐鲁文化先贤对礼的创新性阐释充分体现了对历史的尊重。实际上中华文化自古以来就有"以历史作鉴戒"的观念。《尚书·召诰》说："我不可不监于有夏，亦不可不监于有殷"，意思是不能不以夏和殷为镜鉴。《诗经》中也有很多关于以前朝为鉴的记述，如《诗经·节南山》说："国既卒斩，何用不监"，意为国家已经衰亡了，为何不察看总结下教训呢。《尚书·召诰》是西周初年的作品，《诗经·节南山》属于《小雅》部分，作于西周初年到东周初年，由此可知以历史作鉴戒的观念在殷周时期已经极为流行，所以被记入诗歌和誓诰之中。

总体上看，中华文化的历史意识明显且强烈。对于时间的敏感，让中国人成为"历史人"，"自我"是在以"时间性"为基础的历史文化传统之中的。孔子有"川上之叹"："逝者如斯夫，不舍昼夜。"（《论语·子罕》）孔子从时间所推动的人事变迁之中，体悟出历史的"变"与"不变"，体会到"过去"与"现在"和"未来"的关联，以及"过去"对于"现在"和"未来"的巨大作用。在儒家思想中，"历史"不是博物馆里的"木乃伊"，而是人可以进入的充满教训与智慧的图书馆，人可以在"历史"的图书馆中与古人对话，为"现在"的需要而问求于"过去"。儒家文化相信，"自我"的提升与转化关键在于学习历史上的典范人物，所谓"典型在夙昔""古道照颜色"（文天

祥《正气歌》)。尧、舜、禹、汤、文、武、周公都是应该学习的榜样。

作为先秦时期文化最为活跃地区之一的齐鲁大地，历史思维非常突出。孔子对于历史的尊重是明显且坚定的。他"祖述尧舜，宪章文武"，以恢复周礼为其毕生职责和志向。他反复强调自己对周公的崇拜，以至于因梦不到周公而哀叹"甚矣吾衰也！久矣吾不复梦见周公"(《论语·述而》)。他明确表示自己之志为"述而不作，信而好古"(《论语·述而》)；又说："我非生而知之者，好古，敏以求之者也"(《论语·述而》)。钱穆先生对上述"好古"句的解释是："孔子之学，主人文通义，主历史经验。盖人道非一圣之所建，乃历数千载众圣所呈。不学则不知，故贵好古敏求。"[①] 钱先生的解释抓住了孔子之学之所以"好古"的本质，即历史经验和人文大义，需要累世接续，非一人一时一世之力可为。

古为今用、师古用今的历史思维，肇始于殷周，在孔子那里得到强化，后来逐渐发展成为中国历史思维的突出特点之一。这一思维方式是为"现在"及"将来"而回溯"过去"，而不是为"过去"而"过去"。司马迁引用董仲舒评价孔子作《春秋》的用心，在于"善善、恶恶、贤贤、贱不肖"，在于彰明"王者之大道"(《史记·太史公自序》)，实际上这不仅是孔子述史的用心之处，也是所有齐鲁文化乃至儒家文化、中华文化

---

① 钱穆：《论语新解》，生活·读书·新知三联书店 2002 年版，第 166 页。

历史思维的用心之处。正是因为要古为今用，要师古用今，因此，历史、"古"就成为思考和解决现实问题时习惯寻求的路径之一。比如孔子的"好古"，实际上并非要将"古"视为珍宝藏之于博物馆，而是借对于"古"即历史的强调，一方面揭露当时社会在礼崩乐坏后的种种弊病，另一方面为当时社会提供重建、修复的建议与方法。比如他讲"礼之用，和为贵。先王之道，斯为美，小大由之"（《论语·学而》）。这里用先王之规矩来说明礼的运用在于恰到好处，或者说礼的作用就在于追求恰到好处。孔子的意思可能一方面是客观阐释礼应该如何用，或者礼的作用是什么，同时也可能蕴含着批评当时社会上各种失去分寸、失了尺度的现象。这就是典型的师古用今的思维了。

"欲要亡其国，必先亡其史，欲灭其族，必先灭其文化"。重视、珍视历史经验并以之为镜鉴的思维在当下具有重要意义，需要从思想认识和实践两方面入手强化历史思维。

培养尊重历史、师古用今的历史思维需要充分重视历史文化强大的凝聚力。历史是文化自信、文化认同的重要组成部分，是身份认同的重要基础。每个人都有自己的文化渊源，这个文化渊源决定了我们是谁，来自哪里，又将去往何处。这三个问题的答案又不断塑造和强化着我们的文化身份认同。中华优秀传统文化深厚的底蕴和精神是中华民族的文化基因，也是所有华人的共同历史文化记忆，而共同的文化记忆恰是召唤、凝聚力量的重要因素，因而在凝心聚力方面具有强大的感召力。我们要充分重视并运用好这一强大的文化记忆，激发出所有华人的文化自豪感，增强文化凝聚力。

培养尊重历史、师古用今的历史思维需要充分认识历史对当下生活的影响。中华文化是拥有深厚文化底蕴的文化，很多传统文化、历史因子已经融入社会生活中，日用而不自知。因而若不了解历史，不了解由历史积淀而来的约定俗成的习惯及文化心理，某些工作以及个体生活都可能受到阻碍。比如传统文化中"父母在，不远游"的理念，可能在某种程度上影响着父母与子女两代人关于家与远方的不同认识，因而在年轻人的就业、创业、安身立命以及如何处理家庭成员关系等方面产生影响。这就需要我们充分认识这些矛盾或困惑的深层及现实根源，从心理、精神及现实等多方面予以引导，以求既解决困惑、摆脱固有认知的束缚，同时又保证人与家庭、人与人之间的亲情和关爱。

培养尊重历史、师古用今的历史思维需要善于从历史中寻求解决当下问题的思路与方法。在阅读历史的过程中，我们常常会对典范人物的人格风度心生企慕，也会对他们处理问题的智慧赞叹不已。无论是人格风范还是智慧都是可以学习、传承的宝贵财富。实际上，许多当下问题都能够从历史中找到启示，从某种意义上说，历史也正是通过给予现实问题以启示或警示的方式体现出其价值和意义。历史上类似问题的处境、同类问题的经验和教训都可以成为应对当下类似处境或问题的重要借鉴，因而"要本着择其善者而从之、其不善者而去之的科学态度，牢记历史经验、牢记历史教训、牢记历史警示"①。

培养尊重历史、师古用今的历史思维还需要重视中华优秀传统文化的保护。历史、传统、文化都是在时间长河中积淀、传承下来的。因而保护是一个民族的历史得以形成、绵延、发展的重要前提。拥有悠久历史的中华优秀传统文化需要传承，更需要保护。在促进经济发展过程中，要注意"义利"兼顾，做好文化古迹、遗迹等的保护工作。这些珍贵文物，短时期内不会产生经济效益，但是失去就不可能再生，而它们恰恰是悠久的中华文化、中华文明的见证者。波兰诗人赫伯特在其诗歌《来自围城的报告》中曾经写道："如果失去废墟，我们就一无所有。""废墟"既是让人省思的提示，也是昭示我们文化所由来之的踪迹，失去这些，人就失去了部分历史，一个民族就失去了部分历史记忆。

（五）培养执两用中、守中致和的中道思维

齐鲁文化对礼乐文明的阐释体现出鲜明的中道思维特征，比如孔子结合仁、义、勇等范畴对礼的阐释以及在见南子一事中体现出的仁与礼的权衡，孟子关于礼、义权变的论述，荀子关于礼与法的协调运用等，都体现了避免僵化教条、避免走极

---

① 《牢记历史经验历史教训历史警示 为国家治理能力现代化提供有益借鉴》，《人民日报》2014 年 10 月 14 日。

端的中道思维。

"执两用中、守中致和"的中道思想可以推源于中国上古时期。孔子认为，执中，是尧舜禹一脉相承的心法，帝王皆应"允执厥中"，否则就会"天命永终"（《论语·尧曰》）。《史记·五帝本纪》则记载：帝喾聪明智慧，了解久远的古代的事情，洞察细微的事理，顺应上天的旨意，了解下民之所急。抚爱教化万民，教会他们做各种有益的事情。天下凡日光照耀、风雨所到之处，没有不顺服的。若按《史记》的上述记载，早在尧之前，诸帝王已经以中道为心法了。

新时代中国人的工作和生活仍然需要坚持执两用中、守中致和的中道思维。

培养执两用中、守中致和的中道思维要强调"度"。《论语·学而》："有子曰：礼之用，和为贵。先王之道，斯为美；小大由之。有所不行，知和而和，不以礼节之，亦不可行也。"这里的"和"，强调的是"恰到好处"即"恰当"。"恰当"为"和"、为"美"，这也就是"度"。"度"是中国哲学特别是中国辩证法的特点和主要范畴。所谓"过犹不及"。《论语》中还有很多类似的表述，如"威而不猛""恭而安"，《左传》中的"直而不倨，曲而不屈""哀而不愁，乐而不荒"都是这一类的表述。这就相当于我们今天所说的"分寸感"，无论是日常生活还是艺术、工作都必须讲究"分寸感"，"增之一分则太长，减之一分则太短"，这就是行动中掌握火候的能耐。这一思维方法不同于西方的抽象思辨，不同于仅仅遵守形式逻辑的同一律，这种"度"("中""庸""过犹不及")的辩证观念，是中国辩证思维的特征，也是当代仍然要坚持的辩证思维。

培养执两用中、守中致和的中道思维要警惕"极"。这是与以上对于"度"的强调密切相关的。物极必反。明代刘基《司马季主论卜》说："蓄极则泄，闷极则达，热极则风，壅极则通。"《道德经》将此原理归结为"反者道之动"。在实际工作和生活中，我们要防这个"极"。凡事不可过度，如果过度了，走到极端，必然适得其反。在这一点上，中西思想家的认识是相通的。黑格尔在其《小逻辑》中曾经说："举凡一切人世间的事物——财富、荣誉、权力，甚至快乐痛苦——皆有其一定的尺度，超越这个尺度就会招致沉沦和毁灭。"[①] 黑格尔这里所强调的也是"度"，与孔子、孟子、荀子等中国古代思想家的"中道"思想异曲同工。

培养执两用中、守中致和的中道思维要求原则性与灵活性相结合，即讲究"权变"。"权变"是非常重要的，《庄子·秋水》篇说"明于权者不以物害己"。一个人若只知道死板僵化的原则而没有任何灵活性，那么无论治国、理事、处世、为人，都很难达到预期的效果。权变，不是无原则的随风倒，而是如同孟子依据"义"去行"礼"一样，是有原则但不死守原则，一切以时间、地点、条件为转移。因为权变的依据是理，而理的依据是道。所以权变绝不是契诃夫小说中的"变色龙"。真正

---

① [德] 黑格尔：《小逻辑》，贺麟译，商务印书馆 2023 年版，第 235 页。

懂得权变的人，必然是"察乎安危，宁于祸福，谨于去就"(《庄子·秋水》)，而不会以权变为借口而肆意妄行。道、理、权三者是统一的。得道知理，知理明变。这是工作的原则，也应该是我们做人的原则、生活的原则。

培养执两用中、守中致和的中道思维要以"和"为终极理想。《论语·子路》篇说："君子和而不同，小人同而不和。"君子能够与他人保持和睦，同时坚持自己的独立性，不会盲目苟同、随波逐流；小人则只求与别人一致，但实际上不讲原则，也不讲究真正的和谐贯通。"和"的前提是承认、赞成、允许彼此有差异、有分歧，然后使这些差异、区别、分歧调整、配置、处理到某种适当的位置、情况、结构中，于是各得其所，而后整体便"和"——和谐发展。凡事皆希望能够达到适度、平衡、和谐，希望各异质事物相合相济以后形成和谐平衡状态，这是中华文化所追求的最高理想状态。

概而言之，求"度"、求"和"、避免极端的中道思维是非常重要的管理思维，是面对矛盾、冲突如何求取平衡的现实思维。这一思维方式不求社会达到绝对理想状态，而是寻求现实的平衡。这一蕴含着丰富辩证法的思维方式，对于管理工作的具体启示有以下三个方面。第一，今日的中庸之道，仍应具体落实到平民百姓的日常生活，即现代化的社会存在中，而不能过分强调高玄的理论。第二，任何举措施行过程中都要适度，不能不及也不能过度，不可片面强调某一方面而走向极端，"一刀切"不可取。第三，中道思维不仅适用于人际关系、管理层面，也适用于个体身心健康、人与自然和谐共处、生态领域可持续发展等更广阔领域。个体的身心要平衡，饮食与健康要兼顾；人与自然要和平共处，运用自然资源时要符合自然规律，"斧斤以时入山林，则柴木不可胜用也"（《孟子·公孙丑》），山林若不按时养护，则总有被砍伐尽的时候。如果能尊重植物的生长规律，该保护时保护，该砍伐时砍伐，则木材取之不尽用之不竭。个体身心相协调，工作与生活相平衡，人与自然相和谐，这些无论是对于个人、社会、国家都是非常重要的，也都是大学问，而中道思维是保持上述各方面平衡、健康发展的关键。

 知识链接 ┄┄┄┄┄┄┄┄┄┄┄┄┄┄┄┄┄┄┄┄┄

《临汉隐居诗话》记录王安石一则故事："熙宁庚戌冬，王荆公安石自参知政事拜相。是日，官僚造门奔贺者相属于路，公以未谢，皆不见之。独与余坐于西庑廊之小阁，荆公语次，忽颦蹙久之，取笔书窗曰：'霜筠雪竹钟山寺，投老归欤寄此生。'放笔揖余而入。"从以上记述我们可以看到王安石不尚虚名浮华、清醒、理性的表现。作为一个通达的士人，已经将升迁归宿看清楚，宠辱不惊，穷达皆平和欢喜。这样的人生境界，不独是一个人的境界，也是古今士人的理想境界。

参考文献

《习近平著作选读》第一卷，人民出版社 2023 年版。

《马克思恩格斯选集》第 1 卷，人民出版社 2012 年版。

陈高傭：《公孙龙子 邓析子 尹文子今解》，商务印书馆 2017 年版。

陈晓芬、徐儒宗译注：《论语 大学 中庸》，中华书局 2024 年版。

方勇译注：《孟子》，中华书局 2024 年版。

方勇译注：《墨子》，中华书局 2023 年版。

方勇、李波译注：《荀子》，中华书局 2024 年版。

傅佩荣：《解读孟子》，东方出版社 2023 年版。

干春松：《儒学与中国社会十五讲》，北京大学出版社 2023 年版。

葛兆光：《中国思想史》（第一卷），复旦大学出版社 2013 年版。

葛兆光：《中国经典十种》，商务印书馆 2022 年版。

龚鹏程：《中国传统文化十五讲》，北京大学出版社 2016 年版。

郭沫若：《十批判书》，华东师范大学出版社 2024 年版。

何怀宏：《文明的两端》，广西师范大学出版社 2022 年版。

杨天宇译注：《周礼译注》，上海古籍出版社 2023 年版。

李山、轩新丽译注：《管子》，中华书局 2022 年版。

李泽厚：《论语今读》，安徽文艺出版社 1998 年版。

李泽厚：《美学三书》，安徽文艺出版社 1999 年版。

彭林：《礼乐中国》，浙江文艺出版社 2022 年版。

钱穆：《国史新论》，生活·读书·新知三联书店 2001 年版。

钱穆：《论语新解》，生活·读书·新知三联书店 2002 年版。

钱穆：《四书释义》，九州出版社 2020 年版。

汤化译注：《晏子春秋》，中华书局 2023 年版。

唐君毅：《中华人文与当今世界补编》（二），广西师范大学出版社 2005 年版。

王志民主编：《黄河文化通览》（下编），中华书局 2022 年版。

萧公权：《中国政治思想史》（上册），商务印书馆 2010 年版。

许倬云：《经纬华夏》，南海出版公司 2023 年版。

许倬云：《万古江河》，北京日报出版社 2023 年版。

赵冬梅：《人间烟火：掩埋在历史里的日常与人生》，中信出版集团 2022 年版。

［德］黑格尔：《小逻辑》，贺麟译，商务印书馆 2023 年版。

［美］刘子健：《中国转向内在——两宋之际的文化转向》，赵冬梅译，江苏人民出版社 2017 年版。

后　记

　　本书是"齐鲁文化与治国安邦"系列丛书的一部分，也是国家社科基金项目"中华优秀传统文化'守正创新'精神研究"（22BKS0460）的阶段性成果。本书由两位作者共同完成，具体分工是：赵准完成"四、荀子释礼于'法'"部分的初稿，其余部分由夏秀负责。

　　本书的写作获得了中共山东省委党校（山东行政学院）及文史教研部的大力支持，在此表示衷心感谢。由于时间仓促和作者能力所限，不足之处敬请谅解。

2024 年 12 月 17 日